近代日本の思想家

8

Kawakami Hajime

河上 肇

Furuta Hikaru

古田 光

東京大学出版会

Thinkers of Modern Japan 8
KAWAKAMI HAJIME

Hikaru FURUTA
University of Tokyo Press, 2007
ISBN 978-4-13-014158-1

目次

第一章　求道の遍路

一　問題の所在

河上肇は、日本におけるマルクス主義経済学の先駆者として知られている。「学者」としての河上が果した最大の業績は、科学的社会主義の紹介・普及であった。彼の諸著作が当時の日本知識層に及ぼした影響について、大内兵衛氏は次のように述べておられる。

「今日、五十代で、経済学をもって身を立てているような、もしくはそうでなくても多少とも経済学に興味をもった経験のあるような日本のインテリに聞いてみよ。そのほとんど全部は、博士のこの書(『貧乏物語』)によって経済学の意義を知ったというであろう。そしてその多くは自分もこの書にみちびかれてその道に志したというであろう。さらに、今日、四十年代の人々にして一度でもマルクス主義に志した経験のある人に聞いてみるがよい、彼らは異口同音に、おれは、河上先生の『経済学大綱』でその道に入った、おれは河上先生の『資本論入門』でその門に入っ

たというであろう。」(『自叙伝』の価値)

まことに「学者」としての河上の啓蒙活動が、近代日本における西欧社会科学の移植史上に占めている役割は大きい。しかし近代日本の思想の発達史上における河上の意義は、決して彼がたんに有能な「学者」であったということにつきるものではない。「思想家」としての河上のもつ最大の意義は、むしろ、彼がたんにいわゆる「学者」ではなかったところにあるというべきである。

なるほど今日の四十代、五十代の人々は、河上の著書によって、あるいは「経済学」へ、あるいは「マルクス主義」への貴重な手がかりをつかんだであろう。しかし、学問の進歩や歴史の展開は、すでによりすぐれた入門書のいくつかを生み出してきている。彼の著書は、すでにその歴史的役割を果しおわったかのようにもみえる。もし、より若き世代にとって、たんに経済学史的な関心を越えて、とくに河上から学びうるものがあるとしたら、それはどういう点であるだろうか。

それは、何よりもまず、日本の「思想家」としての河上が、西欧的・近代的な「社会科学」を学びとった態度そのものについてである。とりわけ、その「学者」として保ちえた毅然たる「節操」のあり方についてである、と考えられる。むろん、河上の学問や思想の内容に少しの誤りもなかったというのではない。むしろ彼の思索の歴史は、自己の誤りの発見の歴史であったと言えるかも知れない。或いは、最後の瞬間においてさえも、具体的な問題に対する彼の見解には、種々の誤りが指摘できるかも知れない。しかし、自己の誤りを意識しながら、行きがかり上、あるいは保身上、それを主張し続けるということは、彼にはなかった。また自己が正しいと信ずる以上、いかに弾圧されても、投獄されてさえも、彼はその主張をまげなかった。こうした学問的「節操」は、マルクス主義者であると否とを問わず、すべての学者・思想家に要求される態度である。そして、こうした態度に思いを致すことは、決してなお無用のこととはなっていないのである。

昭和期の極端な思想弾圧下に起った、社会主義者・自由主義者の大量「転向」現象は、日本における移植近代思想の脆弱さを示す事実として、今日とくに思想史家の切実な関心の対象となっている。当時、老河上は尖鋭・明敏なマルクシストたちの転向相つぐなかで、凛然としてその学問的良心を守りぬいた。河上が示した「思想家」としての主体的・良心的な態度は、日本思想史に不滅の光りを放つものと言える。そしてその光りは、河上が日本におけるマルクシストのはしりだったというところからよりも、むしろ、彼が他の多くのマルクシストと異なって「非転向」でありえたというところから、発していると言うことができる。

では一体、何が河上をしてかかる「非転向」のマルクシストたらしめたのであるか。この問に明確な答を与えることが、今日における河上研究の最大の課題であり、それは同時に思想史における河上の意義を明らかにすることでもある。そしてこの問に答えるためには、まず何が河上をして「マルクシスト」たらしめたのか、という問にまで遡って考究されねばならない。なぜなら、問題の核心は河上が「マルクシスト」になる、そのなり方にあるからである。そのなり方の故に、彼は「非転向」でありえたし、またあらざるをえなかったのである。「河上はいかにしてマルクシストとなったか。」この問に対しては、河上自身の手によって貴重なデータが提供されている。いうまでなく『自叙伝』(全五巻)がそれである。

二 旅人の「自画像」

河上の『自叙伝』の主題は、いわば「余はいかにして共産主義者となりしか」の告白にあった。そこには、伝統的・儒教的な雰囲気のうちに育ち、旧式なナショナリズムの教育を受けた明治の一青年が、いかにして西欧的・近代的な「社会科学」を受容し、いかにしてその背景にあるキリスト教・自由主義・社会主義等々の諸思想と対決し、いかにして晩年遂に「共産主義者」となることにおいてその安心立命の地を見出しえたか、という魂の遍歴の跡が精細に記録されている。志賀義雄氏は、こうした魂の遍歴を有名なバンヤンの『天路歴程』に比して、「共路歴程」と呼んでおられる(「河上博士と共産党」)。河上はいわば思想の旅人であった。そして『自叙伝』はいわばその旅日記であり、また旅人の「自画像」であったということができる。

ところで、この『自叙伝』は、たんに思想的遍歴の「記録」というだけでなく、一つの「文学」

としてもすぐれた価値をもっている。この「自画像」は、たんに写実的というだけでなく、同時に芸術的でもある。杉浦民平氏は、この『自叙伝』を「日本近代の伝記文学の最高の果実」と呼び、「およそこの自叙伝ほど、自己発展を鮮明に描いている文学は日本にはない」とまで評価されている（「記録文学の歴史とその現状」）。たしかにそこで、近代日本という歴史的社会を背景に、さまざまな史実との交錯のうちに、「きわめて的確で迫力に富む文章」（桑原武夫「河上肇『自叙伝』」）で、自己の思想と行動を叙述し、その個性的人間像を浮彫にしてみせている河上の見事な筆致は、凡庸な職業作家たちの遠く及ぶところではない。その意味で先の杉浦氏の評言も、必ずしも過褒とは言えないであろう。われわれはこの自叙伝において、近代日本文学史上はじめて、たんに年譜的な、あるいはたんに私小説的な回想を越えた、ルソーの『告白』にも比すべき「自伝」としての「記録文学」をもちえたのである。

この『自叙伝』が「文学」として、従来の私小説的告白を越えた理由は、それが個人の魂の内面的成長の過程を、歴史的社会の展開過程のうちに、それとの照応交錯において、生き生きと描き出しえたところにある。したがってまたそれは一個の「記録」としても、たんに私的な個人の思想的遍歴の「記録」であるにとどまらず、同時に同時代の知識層の思想的動向に関する貴重な「記録」でもある。河上が生きた明治・大正から昭和の敗戦までの時代は、社会史的にも思想史的にも、近代日本の第一次形成期に当っていた。当時の日本知識層は、西欧的・近代的な諸思想の流入に、その伝統的な精神的支柱を揺さぶられて、摸索と彷徨を続けていた。その間にあって、とくに知識層における倫理的支柱の形成に大きな影響を及ぼしたのは、明治のキリスト教であり、大正の諸ヒューマニズムであり、そして昭和のコンミュニズムであった。河上は、一個の良心的な知識人として、それらのいずれに対しても、それぞれの時代に、全身全霊をあげての対決を敢行し、それを思想的発展の契機としている。この事実は、河上の『自叙伝』を、たんなる主観的精神の発展の「記録」を越えて、時代の客観的精神の発展の「記録」ともしている。それはいわば「近代日本思想史」の一つの「縮図」ともいえるのである。むろんその「縮図」は、河上という個性的レンズの偏向を免れてはいない。しかし、その故にまたきわめて高い純度をもち、独自の内的構造をもった、鮮明な「縮図」ともなりえているのである。

このように、この『自叙伝』の思想史的「資料」としての価値はきわめて大きい。しかし、いうまでもないことであるが、思想史研究者にとって、「資料」はあくまで「資料」として取り扱われねばならない。河上個人の思想的遍歴の過程を研究する場合においても、やはりそうである。あえてこの旅人の「他画像」を描いてみようと志すものにとって、その「自画像」は、いかにそれがすぐれたものであるにしても、一つの「資料」でしかないのである。私はここで河上の『自叙伝』を、すなわち、「余はいかにして共産主義者となりしか」を手がかりとして、私なりに「河上はいかにして共産主義者となりしか」の考察を試みてみたいと思う。

その場合に、最も問題となるのは、河上のいわゆる「求道の精神」であると思う。『自叙伝』を読めば明らかであるように、終始一貫して河上の思想的遍歴の推進力となっているのは、一種の「求道心」である。河上という人は、共産主義者となる以前にも、また以後にも、一貫して「求道者」なのである。「求道者」などというと、いかにも古めかしい感じがするが、事実その通りであって、河上の求めた「道」は、まさしく古来東洋の聖人・君子たちが求めた「道」、「朝に道を聞けば、夕に死すとも可なり」のあの「道」につながるものであった。したがってその「求道心」もまた、きわめて伝統的な倫理的・宗教的意識につながるものであった。このことは、河上がマルクシストになる、そのなり方を深く規定している。河上はいわゆる進歩的な「学者」の一人として「マルクス学」を受容したのでなく、いわば伝統的な「求道者」の一人として、その求道の遍路のはてに、「マルクス主義」を「道」として把握したのであった。

「求道者」というきわめて東洋的・伝統的な人間像と、「マルクシスト」というすぐれて西欧的・近代的な人間像とを、一身において結合せしめるということは、いささか奇妙な、自己矛盾的な感じをいだかせるかも知れないが、少くとも河上は大まじめで自己自身をその実例として提出しているのである。しかし、「求道者」として「マルクシスト」である、そのことがまさに河上をして、あの弾圧の嵐のなかに、「非転向」の態度を貫かしめる基本的な支えともなっているのだから、その「求道の精神」の内容と性格の究明は、まさしく「思想家」としての河上研究の中心課題となるべきものである。それでは河上の「自画像」において、その「求道の精神」はいかなるものとして説明されているのであろうか。

三　求道の精神

河上は、その『自叙伝』のなかの「自画像」と題する章で、『自叙伝』執筆の動機を説明して、「他人の描いてくれた画像には、満足すべきものが鮮《すくな》い」ため「一生を閉ぢる前に、一つ自分の気に入るやうな自画像を描いておかう」と思い立ったのだと言っている。そして「むらと変化の多い私の生涯を一貫せるもの」は「聊か自画自讃の陋を免れない」が、私はそれを「真実を求むる柔輭《なん》な心」だと考えると言っている。河上はこの点を、次のように「もっと委しく」説明した上、「自画像」の章を終えるに当って、もう一度くり返して同じ文句を引用している。したがって、この言葉のなかには、彼の「自画像」の全体的構図の骨組が示されていると考えられるので、少し長いけれどもここに全文を引用しておこう。

「苟くも自分の眼前に真理だとして現れ来ったものは、それが如何やうのものであらうともさらに躊躇することなく、いつでも直ちに之を受け入れ、そして既に之を受け入れた以上、飽くまで之に喰ひ下り、合点のゆくまで次から次へと掘り下げながら、依然としてそれが真理であると思はれてゐる限りにおいては、敢て身命を顧慮せず、毀誉褒貶を無視し、出来得るかぎり謙虚な心をもつて、無条件的に且つ絶対的に徹底的に、どこまでもただ一図にそれに服従し追従してゆき、遂には、最初はとても夢想だにもしなかつたやうな、危険な、無謀な、あるいは不得手な境地に身を進めなければならなくなつても、逃避せず尻込みせず、無上命令に応召する気持で、いのちがけの飛躍をなすことを敢て辞しないが、しかし、かうした心持で夢中になつて進んでゆくうちに、最初真理であると思つて取組んだ相手がさうでなかつたことを見極めるに至るや否や、その瞬間、一切の行掛りに拘泥することなく、断乎として直ちに之を振り捨てる。これが私の人格の本質である。」(「自画像」『自叙伝』一)

こうした言葉からも明らかなように、河上が追求した「真理」とか「真実」というものは、決してたんに理論的に認識される客体的「真理」に止まるものでなく、同時に実践的に体認さるべき主体的真理だったのである。彼自身の言葉でいうと、「宗教的真理と科学的真理の弁証法的統一」(「自画像」『自叙伝』二)として把握されるような「真理」=「真実」だったのである。こうした「真理」のことを、彼はしばしば「道」という言葉でも呼んでいる。彼がそこで安んじて生き、心残りなく死にうるような「道」、そうした「道」を河上は追求し続けたのであった。「一生を閉ぢる前に」、

「自分の気に入るような自画像」として河上が描き遺しておこうとしたのは、このような、「求道者」としての人間像なのであった。

ところで、ここに引用した河上の説明は、彼を「何らの自主性を持ち合せない、いつも何かに影響され、支配されるヨタヨタした存在」（杉山平助「求道者河上肇」）とみるような皮相な見解を反駁して、彼の思想的遍歴の推進力が一種の「求道心」にあったことを納得させるには充分である。しかし、彼の求めた「道」がいかなる内容と性格のものであったのか、またその「求道」の構造がいかなるものであったのか、を理解させるには必ずしも充分でない。『自叙伝』以後にみられる河上像の混乱と多様には、河上自身にも若干責任がありそうである。彼の『自叙伝』は、必ずしも徹底した自己分析を遂行しているとは言えないからである。しかし、もともと自己の本質は自己にとって最も客観的対象化しにくいものである。そのことを「自画像」に求めるのは、いささか無理な要求であるかも知れない。では「他画像」ではどうか。

河上の死後、生活的に、学問的に、またイデオロギー的に、彼と親近関係にあった人々によって、多くのすぐれた「河上像」が作成されている。それらは、河上を一人の誠実な「求道者」として認める点では、ほとんど一致している。しかし、その認め方には、かなりのニュアンスの相違がみられるように思える。多くは、まさにその親近性の故にでもあろうか、その人なりの「求道者」像を暗黙のうちに前提して河上を描いており、その内的な構造や基本的な性格は、あまり主題として追究されていないように思える。しかもその前提の仕方は、必ずしも一様ではない。

ことに河上の求めた「道」を、その到達点の道標としての「科学的社会主義」にひきつけて理解する人と、その発想の基盤としての「東洋的な〈道〉の意識」にひきつけて理解する人との間には、その「河上像」にかなりの相違が出てきている。例えば、志賀義雄氏によれば、河上がその求めた「道」を、「宗教的真理と科学的真理の統一」として説明しているのは、まったく「仮釈放を早くする工作」としての「うそ」であったことになる（前掲書）。したがってまた河上が「宗教的真理の存在を主張する唯物論者」（「大死一番」『自叙伝』五）として自己主張しているのも、こうした「うそ」から導かれた「自己偽瞞」ということになる。逆に、本来東洋的な「求道者」であり、「読書人」であった河上にとって、彼が一時的にもせよ「マルクス主義」の実践運動に入ったことこそ、彼の「まよい」であり「自己偽瞞」であったと考え、そのことを惜しむ人もかなり多い。その場合には「宗教的真理の存在を主張する」河上像がクローズ・アップされ、「唯物論者」河上像は影うすくなるのである。

しかし私は、その言い表わし方には問題があるにしても、河上の求めた「道」とは、やはり彼自身が「宗教的真理と科学的真理の統一」と言い表わしているようなあるもの――X――であったと考える。このXの内容をなすものは、果していかなるものであったか。そして、その「統一」構造は、果して「弁証法的」と言えるものであったか。そのことを明確にするためには、まずその「求道」の構造が、具体的な過程に即して、究明されねばならないであろう。

四　心のふるさと

さて、これから河上の「求道」の過程の具体的な考察に入るわけであるが、それについてもう一つ念頭におきたいことがある。それは、河上の「求道の精神」なるものが、その「心のふるさと」をもっていた、ということである。言いかえれば、すぐれて知的・意志的であった彼の「求道の精神」は、そのきびしい自己否定的な旅路をたどり続ける反面、つねにその「心のふるさと」としての詩的・情感的な「自然」への郷愁をもち、ついにそこへ回帰している、ということである。

河上の思想的遍歴の推進力をなしている「求道の精神」は先に引用した彼の自己説明にも述べられているように、詩的・情感的でなく、知的・意志的である。しかも自己形成的でなく、自己革命的である。教養的・文化的でなく、禁欲的・倫理的である。寛容でなく、非寛容である。要するに自己肯定的でなく、自己否定的である。後に考察されるように、河上の「求道」は「絶対的非利己主義」を、「道」として立て、「利己的自我」を否定して、「利他的自我」に至らんとするところからはじまった。それは、言いかえれば、「現実の人間」としての「自然的・利己的な人間」を否定して、「真実の人間」としての「精神的・利他的な人間」を確立しようとする努力である。こうした「利己的自我」の自己否定の努力は、さらにその基底にある「自然的・感性的な人間」の自己否定にまで及ぼうとする傾向をもつ。河上の「求道」の過程が、頭の下るほど感動的なものを含みながら、同時に何かしら痛ましい、不自然な、異常なものを感じさせるのは、おそらくそのためであろう。

しかし、河上自身は、もともとたんに知的・意志的な人間でなく、むしろそれ以上に詩的・情感的な人間であった。にもかかわらず彼はもっぱら知的・意志的な「求道の精神」を押し立て、その基底にある詩的・情感的な「人間的自然」から、敢えて離反しようとしたのである。これは、言うまでもなく、きわめて「崇高」なことであるとともに、何かしら「不自然」なことでもあった。したがって河上の「精神」は、いつもその故郷である「自然」への郷愁をもっている。のみならず抑圧された感性としての「自然」は、その「求道」の過程において、しばしば「異常」な形での激発を示しさえしている。しかし河上の「精神」は、その「求道」のはてに「道」としての「マルクス主義」を見出すとともに、やがてその到達した高みそのものにおいて、自らの「ふるさと」である「自然」に回帰し、そこに憩うことができたのである。したがって、彼の晩年の「精神」は外的生活の不如意にもかかわらず、比類のない安定度を示している。そこではもはや、その「求道」の過程において感じられたような痛ましさ、不自然さ、異常さは、ほとんど拭い去られている。

そのことは、晩年の河上が作った詩のなかに、はっきりと示されている。その一つに、「こころのふるさと」（昭和一九・六・五作、『旅人』所収）と題する次のような詩がある。

ひとはおいてこころの
ふるさとにかへるとや
力にあまるおもに負ひ
山こえ野こえ川こえて
夢路の塵にそまりたる
五十余年のたびごろも
つひのやどりにぬきすてて
憧るるかも詩のうましぐに

苦難にみちた旅を終えた河上は、今やその「心のふるさと」におちつき、「詩のうましぐに」に遊ぼうとしている。このことは、一体何を意味しているのであろうか。「道」として「マルクス主義」を見出したはずの河上は、そうした自己をさらに否定して「心のふるさと」に帰ったのであろうか。明らかに否である。河上はまた、同じころの「甲申正月述懐」（昭和一九・一・五作、『旅人』所収）

と題する詩のなかで、次のように述べている。

曠古の大戦
世は狂へるがごと
わがいほは
ひるなほしづか

人はかかるさかひを哀めど
われ敢て黎明の近きを疑はず
心は風なき春のあけぼの
太古の湖《うみ》の静けさに似たり

「われ敢て黎明の近きを疑はず」と河上は言う。『自叙伝』を読めば明らかなように、河上にとって「黎明」とは「敗戦」のことであった。すなわち、日本帝国主義の崩壊以外の何ものでもなかった。あの太平洋戦争下の「狂へるがごと」き日本にあって、このように美しい、しかも確信にみちた言葉を語りえた詩人は、河上以外にはたして幾人ありえたであろうか。この老詩人の胸中には、かつて求め得た「道」としての「マルクス主義」が、なお脈々と生きているのである。そしてそのことは、彼が老いて「心のふるさと」に「詩のうましくに」に帰ったことと、何ら矛盾してはいないのである。

河上は、その「求道の精神」においてばかりでなく、その回帰した「心のふるさと」においても、深く東洋の精神的伝統とつながっている。そのことが河上をして、日本のマルクシストのなかでも、最もバタ臭くないマルクシストの一人にしている。いわばきわめて「味噌臭い」マルクシストにしている。そしてまたその「味噌臭さ」において、日本の庶民のもっている素朴な心情と深くつながっている。彼の『自叙伝』が、イデオロギーを越えて多くの人々の共感をかちえた理由は、おそらくその点にあるであろう。この「味噌臭さ」は、むろんいわゆる「近代的」なものではない。しかし、そこには日本のいわゆる「近代的知性」が、なお学びとらねばならぬ貴重なものが、含まれているのではないだろうか。大正期以後の教養派的知性に喪われたある貴重なもの、およそ「精神」を「精神」の名に値せしめる基本的なあるものが、含まれているのではないだろうか。

序論的考察を終えるに当って、もう一度大内兵衛氏の言葉を引用させていただく。氏は、河上の『自叙伝』が社会科学に志すものの「必読の書」であるとされ、その理由は氏の次のような確信にあるといわれている。

「博士を理解し、博士を学び、博士をふみ超えることは、日本の社会科学をやる後学の正道である。」(『自叙伝』の価値)

もし本稿が、この言葉の含蓄するものを幾分なりとも明らかにしえたとすれば、その主意はほぼ達成されたことになるのである。

第二章　人間形成

一　ふるさと

河上肇は、明治一二年（一八七九）一〇月二〇日に、周防国（山口県）錦見村字散畠《さんばく》に生まれた。錦見村は、岩国川（錦川）のほとり、有名な錦帯橋の近くにある。父は忠《すなお》、時に三二歳、母は田鶴《たづ》、時に一八歳、肇は河上家の長男であった。

河上家は、代々毛利家の支藩吉川家に仕えて、明治維新当時には食禄一九石を給されていた。維新後まもなくして、父忠は、河上家の旧領地であった錦見村の副戸長に任命され、肇が生まれたころにはその戸長（村長）を勤めていた。要するに河上は、それほど貧しくもないが、またそれほど金持でもない、一下層士族の長男として生まれたわけである。父忠は、六歳にして祖父と死別し、祖母イハの並々でない苦心によって育てられていた。このことは河上家における祖母の比重を重くしていた。肇もまた、もっぱら、この祖母の手で育てられたのである。

そのことは、肇の出生当時の複雑な家庭の事情に由来している。「私は母の乳を呑みえずして育つた」と、河上は『自叙伝』のなかに書いている。なぜなら、祖先を同じくする同姓河上家の出身であった母田鶴は、どういうわけか明らかではないが、肇が生まれた当時、離縁されて実家に帰っていたからである。離縁となった時、すでに母田鶴の胎内には肇が宿されていた。したがって、肇は母の実家で生まれ、生まれると同時に生母から引離され、乳母に抱かれて父の家に引き取られたのである。その時の有様を、おそらく祖母の口から聞いたのでもあろうか、河上は次のように記している。

「男の子が生れたとの知らせに、父は直ちに羽織袴をつけ、乳母を連れて、私を迎ひに来た。祖母はうちで待つてゐたが、私が乳母に抱かれて入つて来ると、本玄関の式台まで出迎へて、今日はここから上がるのだと乳母に声を掛けた。」(「幼少時代」『自叙伝』一)

こうした描写のうちに、われわれは、幼少期の河上を取りまく雰囲気を、すなわち、明治初期の封建的城下町の、そしてそこに住む格式ばった下層士族の生活意識を、うかがい知ることができよう。――さて、肇を抱いてきた乳母に声をかけた祖母イハは、この時五二歳であった。父忠は、少し前に井上シヱなる人と縁組していた。祖母は初孫である肇を寵愛し、まもなく乳母を解雇した後は、もっぱら自分の手で、といっても乳は出ないので「重湯」で肇を育てた。産後の若い実母は乳が張って困ったが、肇はその乳をのむことができなかった。肇は毎晩祖母の乳房をしゃぶりながら寝ついた。

実母田鶴が復縁して、同じ屋根の下に住むようになったのは、肇が三歳になってからのことである。継母のシヱは、肇が生まれて一年ほどして、異母弟暢輔を生んだが、実子をもってから継子の肇をいじめだし、「片手を持つて井戸の中へぶら下げ」たりした。こうしたことで、肇を可愛がった祖母と折合わなくなったためか、まもなくシヱは離縁となり、実母田鶴が復縁してくることになったわけである。しかし、この時すでに肇はすっかり「おばあさん子」になってしまっていた。それで実母田鶴は継子の暢輔を抱いて母屋で休み、肇は祖母イハに抱かれて離れの隠居部屋で寝るということになった。その後も持続されたこうした奇妙な習慣が、幼い肇の魂に何を刻みつけていったか。精神分析学者はさまざまな答を出すであろうが、私には何とも断言できない。ただ事実を記すに止めておく。

ところで、肇が生まれたのは明治一二年(一八七九)であるが、明治一二年というと、西南戦争の余波がようやく収まり、天皇制絶対主義体制が着々整備の途につく一方、民間では所々に、「自由民権」の叫びがあげられてきた頃である。全国いたる所で「演説会」が流行していた。祖母につれられてそうした「演説会」の一つをのぞいた幼時の記憶を、河上もまた後に『自叙伝』のなかに書きとめている（「幼少時代」）。しかし、生地の錦見村は、後に岩国町に編入されたとはいえ、何といっても中央から遠く離れた田舎町である。家長たる父忠もまた、はじめ錦見村村長をつとめ、後に岩国町町長にもなってはいるが、その人柄は柔和温順そのものであった。したがって幼少期の河上をめぐる雰囲気は、きわめて平穏無事であったと言ってよい。時代の波は、河上がその「ふるさと」である岩国を離れ、山口を経て東京に遊学するに及んで、はじめて激しく強くその身辺に打ち寄せてくるわけである。外洋に乗り出した船員たちが、美しい内海の港をなつかしむように、河上にとってこの「ふるさと」は生涯を通じて思慕の対象であった。

前章において、私は、河上は終生「味噌臭いマルクシスト」であったと述べた。実はその味噌のにおいは、つねに彼の懐郷のおもいにつながっていたのである。彼の晩年の詩「ふるさと」（昭和一八・一二・二九作、『旅人』所収）のなかには、配給の餅と味噌に託して、そうした懐郷の思いが切々と吐露されている。

配給の米の
餅となりて届きしを
手にとれば
柔かにして

まだぬくみあり
味噌をはさみ
火にあぶりて食らふ
をさなきころの
わがふるさとのならひなり
あゝ
ふるさと
ふるさと
人は老いてふるさとを恋ふ
老いてますますふるさとの味をおもふ

この詩には、老河上の真情があふれている。しかしこの「ふるさと」岩国の生家に河上が住んでいたのは、生後約一四年の間にすぎなかった。ではその間に彼のパーソナリティは、どのように形成されていったであろうか。

二　我儘と癇癪

河上は自分の幼少期を回顧して、「我儘」であり「癇癪」もちであったと語っている。

「生れ落ちた時から瘦せ細つた子で、三つ病気があるとすら言はれてゐたさうだ。恐らくいつも不機嫌で、子供らしい快活さがなく、どう見ても他人の眼には少しもかわゆくない子だつたに相違ないが、どうした訳か、母方の祖父からも父方の祖母からも、私は特別の寵愛を受けたために、愈々我儘な子になつたやうである。」（「幼少時代」『自叙伝』）

肇が「我儘」な子になったのは、「おばあさん子」で甘やかされたという理由のほかに、「村長様の坊ちゃん」としてチヤホヤされたという影響もあったと思われる。村長として小学校をも管理していた父は、長男の就学を急いで、明治一七年（一八八四）三月、満四年五ヵ月の肇を学校に上げた。そして村役場の小使に命じて、肇を送り迎えさせた。登校を厭がった幼い肇は、毎朝おんぶした小使の背の上であばれたという。もっともこのことは、肇の「我儘」というよりも、父の「溺愛」であり、「公私混交」であったとみるべきかも知れない。しかし弟暢輔が一緒に通学するようになってからも、年上の肇の方がおぶってもらっていたというから、肇がかなり「我儘」な子であったことは間違いないであろう。

その上、肇はまたひどい「癇癪」もちでもあったらしい。何かで腹を立てて泣き出したら手がつけられなかったようである。母や祖母は「癇癪」を起してあばれまわる肇をさけて、しばしば物置などに逃げこんだらしいが、後を追った肇は板戸などをいつまでも叩きまくっていたという。こうした「癇癪」はどこから由来したものであろうか。前にも述べたように、父は柔和温順な人物であったから、もし遺伝とすれば、それは母方からでなければ、祖母からの隔世遺伝と考えられる。先の引用文で肇を「寵愛」したと言われている外祖父又三郎も、祖母イハも、かなりの「癇癪」もちだった。ことに祖母イハには、しばしば「癲癇」の発作もあったらしい。*

* このことは、後年の河上のいわゆる「大死一番」の宗教的体験を考え合せると、精神病理学的にみて興味ある事実である。河上自身も「幸か不幸か、私は、かうした癲癇の遺伝を承るまでには到らなかつたが、さうした病気を起しうる精神的異常性の一部は之を祖母から脳細胞のどこかに承け継ぎ、そのためにひどい癇癪なども起してゐたのではないかと考へる」（『自叙伝』一）と言い、ドストイェフスキーやゴッホの例をひいて、「癲癇病者には白痴に近い人もある。しかしまたその中から天才も出てゐる。私は必ずしも悲観するに及ばぬであらう」（同前）と述べている。

このように「我儘」で「癇癪」もちだった肇は、しかし、同時に「洵にやさしく根気強いところのある好い子」でもあった。頭痛もちの祖母の枕許に坐って、いつまでもじっとその額を揉みつづけている「好い子」でもあった。この「やさしさ」と「根気強さ」は、やはり彼のパーソナリティの重要な特質をなすものであり、主に父からの遺伝ないし感化によるものと考えられる。また『自叙伝』中の幼時の祭礼や河原芝居などについての思い出を読むと、彼が幼い頃かなり詩的な「感受性」の強い子であったことがうかがわれる。こうした詩的な「感受性」は、彼自身の語るところによれば、もっぱら母方からの遺伝ないし感化によるものであったらしい。*

＊　母方の祖父河上又三郎は、霜松軒と号し、吉川公の祐筆をつとめた能書家であり、また文芸の趣味を解し、漢詩や和歌をたしなんでいた。佐藤一斎の扁額を書斎に掲げ、梁川星巌の詩集などを愛読していた。肇をことのほか寵愛していたこの外祖父は肇が八歳の時に亡くなったが、後に河上は回想して「私が何程か文芸の趣味を感じ得てゐるのも、やはり同じ血液の賜であるに相違ない。私はそれを……とても有り難いことに思つてゐる。」（『自叙伝』一）と述べている。

要するにわれわれは、平穏無事な、甘やかされた環境のなかで、河上の独自なパーソナリティが、激烈でしかもねばり強いところのある「意志」と、爆発的でしかも繊細なところのある「感情」とが、どのように形成されていったかをみておけばよいのである。それでは「知能」の方はどうであったか。河上はしばしば自分のことを「鈍根」と言っているが、それほどでもないにせよ、とくに人並すぐれた「天才」的知能の持主ではなかったようである。小学校では二度ほど「成績卓絶」として優等賞を貰っているが、それについて河上自身は次のように書いている。

「私はこんなものを貰つてはゐるが、よく出来た生徒では恐らくなかつたであらう。……学校の先生たちは……私のために点数の贈物もして呉れて居ただらう。証書面に残つてゐる『成績卓絶』は全く当てにならず、私は小さい頃から人並の才能を有してゐたに過ぎぬのである。」(「幼少時代」『自叙伝』一)

明治初期の田舎村では、村長の権威は大したもので、教員の任免権をも握っていた。肇の家には盆暮には教員たちからの贈物も届いていたのである。こうした先生たちが「村長様の坊ちゃん」として肇に「点数の贈物」をもしてくれたことは、充分考えられることである。小学校を卒業した肇が、次の岩国学校でまず落第したことからみても、前掲の河上の言葉は、そう謙遜ばかりでもないと思われる。

三　防長の士風

明治二一年(一八八八)三月、満八年五ヵ月で岩国尋常小学校を卒業した河上は、錦帯橋の近くにある岩国学校に進学した。河上は、この岩国学校に入ることによって、同時に明治政府の設定しつつあった官僚・学者養成コースのスタート・ラインに就いたのである。では、岩国学校とはいかなる学校だったのであろうか。

岩国学校は、山口高等中学校の五つの予備校のうちの一つであった。これらの学校はすべて「防長教育会」の資金で経営されていた。この「防長教育会」というのは、明治維新のイニシアティヴをとった雄藩防長藩の後身である山口県が、旧士族の子弟から有為の人材を育成して明治新政府に送り込み、天皇制絶対主義体制内における藩閥勢力の発展をはかるために、他県に率先して設立した育英機関であった。同県出身の参議井上馨の建議にもとづき、旧藩主毛利家をはじめ県民多数の醵金によって成立したものである。このようにして振興されていた山口県の教育が、一方には旧防長藩の「教学」の伝統をふまえ、他方には新政府の要求に応ずる「実学」にも力を注ぐものであったことは、想像するに難くないところであろう。またこのように設立されつつあったコースをたどることは、経済的余裕のない下層士族階層の出身者にとって、ほとんど唯一の「立身出世」の方法であった。少年河上は、無意識のうちに、こうしたコースの上に乗せられていたのである。

さて、旧防長藩の「教学」の伝統とは、いかなるものであったか。それは、「経世の道を重んずる」伝統であったと、河上と同郷の後輩作田荘一氏は述べておられる(『時代の人河上肇』)。それは「志士的ナショナリズム」の伝統と言ってもよい。旧防長藩は、明治維新に際して、吉田松陰以下木戸孝允・高杉晋作・山県有朋・伊藤博文ら多くの「志士」たちを生みだしている。「志士」とは、松陰の言葉を以ってすれば、「国家の休戚をもつて吾休戚となす」人間のことである。全身全霊をもって国家社会の問題を自己自身の問題としてつかむ人間のことである。したがって、たんに「学問」としての学問に専念する「読書人」は軽蔑され、「志士」として学ぶこと、「学者」にしてしかもその志に生きることが尊重された。こうした「志士的ナショナリズム」が、維新前後の非常の時機において、丸山真男氏のいわゆる「前期的国民主義」、すなわち、「集権的絶対主義的色彩を帯びた富国強兵論」(『日本政治思想史研究』)を生みだしてきたものであることは言うまでもない。少年河上がそのなかで育成された「防長の士風」は、こうした性格のものであった。したがって少年河上の胸中には、無意識のうちに、そうした「志士的人間像」が理想的人間像として植えつけられていたのである。

そうした兆しは、はやくも岩国学校在学中に現われている。次に掲げる文章は、当時河上が自分で編集発行した回覧雑誌『会報』(第二号)に載せられたものである。「日本工業論」と題する文章の一節である。

「……方今旧日本已ニ去リテ新日本将ニ生レントス而シテ英アリ露アリ毎ニ我ガ釁ニ乗ゼント欲ス……而シテ我国工業盛ンナラズ故ヲ以テ例ヘバ戦艦ヲ造ラントスルヤ又之ヲ仏人ニ委任シ多量ノ金銭ヲ費シ多量ノ苦労ヲ要シ或ハ道ニシテ之ヲ失ヒ遂ニ我レニ勇アリ武アリ才アリ智アリト雖モ大ニ損スルアルニ至ル嗚呼惜イ哉是レ実ニ我邦工業ノ盛ナラザルノ致ス所ニシテ実ニ我ガ神

州ノ為メニ悲ム可キ事実ナリトス……方今ニ於テハ予輩ハ大ニ工業ノ隆盛ニスベキ必要ヲ感ズルモノナリ然ルニ世人常ニ尚武ヲ唱ヘ敢テ工業ヲ盛ンニス可キコトヲ察セザルモノ比々皆然リトス後慮ナキモノト言フ可シ尚武論者以テ如何トナスヤ」（「日本工業論」明治二三・六）

数え年わずか一二歳の少年の文章としては、なかなか堂々としたもので、後年の論客河上肇のおもかげをしのばせるものがある。論旨は言うまでもなく当時の「富国強兵論」の線に沿ったものであり、その精神は防長伝統の「志士的ナショナリズム」に発したものと言えるであろう。河上自身も、こうした文章を書いた少年の日を回顧して、「もし何程かの経世家的・実践的な素質が、私のからだに宿つてゐるものとすれば、それは早くも十二歳にその萠芽を見せ始めた訳である。」（『自叙伝』一）と書いている。この頃の河上は、回覧雑誌を出すばかりでなく、友だちを米搗部屋に集めて、演説会のまねごとに興じたりもしている。*

＊　こうした回覧雑誌を思いついたことは、当時の河上が少年投書雑誌『少年園』（明治二一・一一・創刊）や、東京の伯父河上謹一からその読み古しを送ってきていた『時事新報』（明治一五・三・創刊・福沢諭吉主幹）などを愛読していたことによるものであろう。雑誌は生原稿を綴じ合せたものであるが、表紙には河上自筆の蛙の絵がかなり器用に描かれたりしている。河上の「文人的趣味」がその「経世家的志藻」と同時に成長しつつあることを示すものであろう。

ところで、岩国学校に入学した河上は、前にも述べたように、第一学年で落第している。これは、彼が怠けたからというよりは、父村長の勢力範囲外に出ることによって、はじめて人並より年少で就学した無理が現われてきたとみるべきであろう。しかし以後はどうやら無事に進級をつづけて同校を卒業し、明治二六年（一八九三）九月から山口高等学校（予科）に進むことになった。そしてこの時に河上は生後はじめて、数え年一五歳で「ふるさと」岩国の生家を離れることになった。誰よりもこの別れを悲しんだのは出生以来肇を寵愛してきた老祖母であった。彼女は肇を門の外まで送ってきて、「これがお暇乞だ」といって涙をこぼした。「お暇乞」とは「これでおしまい」という意味の方言である。一家の寵児として育ってきた河上少年は、このようにして「ふるさと」に別れを告げた。山口に出てきた彼の心が、しばらくは郷愁にさいなまれて落ちつかなかったことは、当然というべきであろう。

四 「梅陰」と「楓月」

あらゆる青春がそうであるように、河上の青春もまた、さまざまな可能性を内に含みながら、揺れ動いていた。山口遊学時代に、河上は二つの雅号を用いていた。「梅陰」と「楓月」とである。この二つの雅号は、青年河上の内に含まれていた二つの可能性をそれぞれ表現していた。青年河上の魂は、この二つの極の間を揺れ動き、そして結局「梅陰」への方向が選ばれ、そのことは大きく彼の後半生を決定していくのである。

「梅陰」という雅号は、河上が以前から私淑していた郷里の先輩吉田「松陰」にあやかろうとし、生家の庭にあった梅の老樹にちなんでつけたものである。この号が、河上における「経世家的・実践的な素質」、すなわちその志士的な側面を表現するものであったことは、言うまでもないであろう。河上が山口に遊学した明治二六年（一八九三）という年は、日清戦争がはじまる前年に当っており、ナショナリズムの波は大きく高まってきていた。徳富蘇峯の『吉田松陰』が刊行されたのもその年であり、河上はこれを「非常な感激を以て」読んだと記している（『自叙伝』一）。当時河上はしばしば萩の松陰神社に詣でており、松陰の筆蹟の石刷を寄宿舎の壁に貼りつけたりしていた。「私は少からざる感化を松陰先生から得た」と河上は言う（同前）。こうした松陰への私淑は、以後一貫して変らなかった。*

＊ 河上は、東京に遊学してからも、たびたび世田谷の松陰神社に詣でている。そればかりではない。われわれは、すでにマルクシストとして自己主張している河上の言葉のなかにさえも、松陰への変らぬ敬慕の念を見出すことができる。例えば「学生検挙事件について」（『社会問題研究』第七五冊、大正一五）のなかで。

さて、もう一つの号「楓月」であるが、これは当時文名の高かった大町「桂月」にあやかろうとし、自分の生まれ月である「もみじ月（十月）」にちなんでつけたものである。この号が、河上における「文芸の趣味」、すなわちその詩人的な側面を表現するものであったことも、また明らかであろう。桂月の名は、彼が創刊以来愛読していた雑誌『帝国文学』（明治二八年創刊）で知ったものと思われる。彼は山口に遊学したはじめのころは「医科」志望で、郷里で開業するつもりだった。ところが、しだいに文学への興味が高まってきて、日記やノート類まで「徒然草」調の和文体でつけるようになり、明治二八年（一八九五）九月、山口高等学校へ進学する時には、とうとう「文科」を選んだ。当時の彼は「文名を天下に揚げ」ようとする野心にみちていたのである（『自叙伝』一）。しかも、彼の山口高校在学期（明治二八年―三一年）は、ちょうどロマン主義文学の開花期に当っていた。愛読の『文学界』（明治二六年創刊）には、一葉の名作『たけくらべ』が連載されていた。藤村の『若菜集』（明治三〇年）はとりわけ彼の心をひきつけたらしく、後にすべての蔵書を処分して「無我苑」入りをした際にも、この詩集だけは『聖書』とともに残されている。そのほか当時彼が心をひかれた作家・詩人の名をあげると、紅葉・鉄幹・晩翠・独歩・花袋・国男・湖処子などがある。彼はまた自ら筆をとって、『同志会歌集』なるものを編纂したりしている。こうした青年歌人「河上楓月」が、後の老詩人「閉戸閑人」につながるわけである。*

＊　この「楓月」という号は、河上が東京に遊学して、「風月堂」という有名な菓子店があることを知った時、棄てられてしまった（『自叙伝』一）。青春のほほえましいエピソードの一つである。

ところで、山口高校在学中もっぱら顕著だった「楓月」的傾向は、卒業間際になって、からりと「梅陰」的傾向に転換される。河上は突如として、大学の志望学科を「文科」から「法科」に転じたのである。ではその理由はどこにあったか。

「私の胸の底に沈潜してゐた経世家的とでも云つたやうな欲望は、松陰先生によつて絶えず刺戟されてゐたことと思ふが、それは遂に、日本で政党内閣が初めて成立したことに関する諸般の新聞記事に刺戟されて、忽ち表面へ暴れ出た。尾崎行雄・大東義徹・松田正久などいふ言はばシルクハットも持ち合はしてゐない位に思はれてゐた政党者流が、無位の野人から一躍して台閣に列したといふ報道は、少年の心に功名手に唾して成すべしといふ昂奮を与へた。文学は未だ以て男子の一生を托するに足れりとしない。俺は法科に転じよう。かう私が決心したのは、卒業試験が早や目捷の間に迫つてゐた時のことである。」(「幼少時代」『自叙伝』一)

『自叙伝』は、当時の河上の心境をこのように伝えている。この文章は、むろん当時の心境の正直な告白であるに違いない。しかし、これでみると、「政党内閣の成立」という外的な「刺戟」から、「功名手に唾して成すべし」という「昂奮」にかられて、「俺は法科に転じよう」と「決心」

したというのだから、その理由たるやはなはだ甘いもので、いささか軽率のようにもみえる。一応その通りであって、転科の動機そのものはきわめて外発的であり、しかも偶発的であったといえる。しかし一方では、こうした外的な「刺戟」に呼応して活動しだすような、ある内的な「傾向」がひそんでいなかったとすれば、こうした「転換」は生じえなかったともいえよう。事実、河上のなかには、こうした外発的「刺戟」に呼応して動きだすものが、すなわち、その「梅陰」的傾向がひそんでいたのである。したがって転科の根本的な理由は、河上の「志士」的側面が時代の高波によって目覚まされたところにあった、というべきであろう。

青年河上が、「楓月」の名のもとに「詩のうましぐに」に遊んでいた間にも、日本資本主義は一路発展の過程をたどっていたのである。そして新興ブルジョアジーの活力は、日清戦争の後、一方に青年河上の心を魅惑したロマン主義文学の開花をもたらすとともに、他方では藩閥官僚勢力の圧迫に抗して、しだいにブルジョア政党勢力の伸長をもみちびいていた。河上の心をゆさぶった「政党内閣の成立」、すなわち明治三一年(一八九八)六月におけるいわゆる「隈板内閣」の成立は、こうした時代の潮流の一つの現われ、その一つの高波にほかならなかったのである。

しかし、もしこの高波の襲来が、もう半年も遅かったとすれば、河上はどうなっていただろうか。河上は、はじめの志望通りに大学の「国文科」に進み、「文名を天下に揚げ」えたかどうかはわからないが、ともかくひとかどの作家なり、学者になっていたかも知れない。「楓月」的傾向に進むことも、かなり本質的な可能性として彼の素質のなかに根をもっていただけ、それなりのある必然性をもっていたのである。いずれが幸であり、いずれが不幸であったかは、神のみぞ知るというほかない。人生の旅路は、つねに偶然的なモメントを含みつつ展開する。この時河上を「詩のうましぐに」から引き離した時代の高波は、やがて数十年後には、ふたたび河上をそのくにまで連れ戻してくることにもなった。

ともかくも青年河上は、このようにして「法科」への転科を決意した。しかし、卒業間際ではあり、実際問題としてもその実現はかなり困難であったため、学校当局は難色を示したようである。また当時ドイツ語の教師だった登張竹風は、河上を個人的に自宅に呼び、「お前の素質は詩人だ。法律などやる柄でない。」といって忠告した。河上の転科の動機が外発的・突発的なものであっただけに、この忠告は必ずしも的を外れたものではなかった。しかし、河上の幼時からの「我儘」と「根気強さ」とは、このころには「一旦かうと方針を決めたら最後、誰が何と言はうと容易に所志を曲げない」ような意志にまで形成されており、遂にあらゆる障害と阻止とを押し切って、強引に転科を果した。

明治三一年（一八九八）九月、数え年二〇歳の青年河上は、はじめて防長の山河に別れを告げ、東京帝国大学法科大学の政治科学生として、首都東京に出てきたのである。

第三章 「無我愛」からの出発
――利己主義から利他主義へ――

一 バイブルとの出会い

「私はバイブルによつて初めて心の眼を開かれたと言つても可い。それで、私が此の世に生れたのは明治十二年十月だけれども、このこころの歴史は明治三十年代から始まる。」(「私のこころの歴史」『獄中日記』一)

河上は後にこのように語っている。この言葉は、かれの「求道」の発端を示すものとして興味深い。**山口時代**の河上は、多感な文学青年であり、憂国の政治青年であったにしても、いわゆる「求道者」では決してなかった。彼の「求道」の歴史、その意味での「こころの歴史」は、その大学生時代に始まる。その発端となったのは、「バイブルとの出会い」であった。では河上はこの出会いによって、いかなる「心の眼を開かれた」のであるか。

まず、大学生としての河上の生活と、それを取りまく当時の、つまり明治三〇年代の思想状況とを簡単にみておこう。――東京に出てきた河上は、まず母方の伯父河上謹一宅に身をよせた。* 当時伯父謹一は洋行中で、伯母はこの田舎出の青年をあまり好遇せず、書生代りに追いつかった。掃除、風呂焚き、買物などに追いつかわれたばかりでなく、食事も台所の隅で冷飯を与えられた。これは、これまで甘やかされて「我儘」に育ってきた河上青年には、はじめての辛い生活経験であった。半年ほどで辛抱しきれなくなった彼は、「癇癪」を起して伯父の家を出、本郷の安下宿に移った。幸いにも、伯父からの援助はなお続くことになったので、生活は一応落ちついたわけであるが、思想の面での動揺は、その頃から一層激しくなってきた。思想の面で彼を強く刺戟したのは、大学の講義ではなく、その合間に聴きに出かけていた市中の演説会であった。

* 河上謹一は、先に述べた外祖父又三郎の長男で、母田鶴の兄に当る人、日本最初の法学士で、当時日銀理事の職にあり、後に住友銀行理事となった。河上の法学志望には、この伯父からの影響も考えられる。河上は大学を卒業するまで、授業料ばかりでなく、下宿料までを、この伯父に負担してもらっていた。

当時の、つまり明治三〇年代の東京は、一種の思想的混沌のルツボであった。一方では、日清戦争の勝利による国民意識の強化を背景に、あらためて国家主義・帝国主義・日本主義が強調され、他方では日本資本主義の発展に伴う個人意識の高揚を背景に、個人主義・民主主義・社会主義が簇出していた。思想界のリーダーたちは、各所の演説会で、情熱的にその信念を訴えていた。山口から上京してきた河上青年は、いきなりそうしたルツボの中に投げこまれたわけである。半分は物珍しさから演説会のぞきをはじめた河上は、やがて弁士たちの熱弁に引き込まれていった。* 彼らの演説は、河上にとって「大学教授の講義よりも遥かに強い影響」を及ぼした。「デモクラシー、社会主義、基督教、さうしたものに関する私の関心は、全くそこから生れた」と、後に河上は語っている(『自叙伝』五)。そして多くの弁士たちのなかで、彼が「最も心を惹かれた」のは、木下尚江と内村鑑三とであった。この木下と内村による影響が、「幼い時から宗教といふものに何の縁もなかつた」河上に、その「バイブルとの出会い」をもたらしたのである。

* 当時河上が直接その演説を聞いた人々としては、木下、内村のほか、島田三郎、田口卯吉、田中正造、安部磯雄、西川光次郎、石川安次郎、河上清、幸徳秋水らの名があげられる。後には、近角常観、山室軍平、海老名弾正らの説教をも聴いている。後述するように、河上は学生時代に、何回か木下を訪問しているが、内村は「何だか寄りつきにくいやうに感じられた」ため、一度も訪問していない。しかし河上は、継続的に『聖書の研究』を購読しており、バイブルを手にするようになったのは、「全く内村先生の感化による」と回顧している(「大死一番」『自叙伝』五)。

上京するまでの河上は、素朴なナショナリズムを中核とする教育を受け、常識的な儒教倫理の講釈を聞いてきただけで、「人生いかに生くべきか」といった問題を、とくに自分個人の問題として考えるようなこともなく過してきた。「バイブルとの出会い」は、河上にそうした問題に対する「心の眼を開かせると同時に、彼をある人生観的な疑惑の中に投げ込むことになった。バイブルの中で、とりわけ強い力で彼の「魂に迫つた」のは「山上の垂訓」の一節として知られる次の言葉であった。

「人もし汝の右の頰をうたば、左をも向けよ。なんぢを訟へて下衣を取らんとする者には、上衣をも取らせよ。人もし汝に一里ゆくことを強ひなば、共に二里ゆけ。なんぢに請ふ者にあたへ、借らんとする者を拒むな。」（『マタイ伝』五・三九―四二）

では、この言葉を読んだ河上は、それをいかなる言葉として受けとったのであろうか。

「私には之が絶対的非利己主義の至上命令と感じられた。私の良心はそれに向つて無条件的に頭を下げた。……さうした絶対的な非利己的態度こそが、洵に人間の行動の理想でなければならぬと思はれた。そして自分の心の奥には、文字通りその理想に従つて自分の行動を律してゆくようにといふ、強い要求のあることが感じられた。だが、それと同時に、私の心の中ではまた、『そんな態度では、お前はとても此の世に生きて行くことが出来まい。お前はすぐにも身を亡ぼすであらう』といふ危惧の念が動いた。かくして私の心には、初めて人生に対する疑惑が、――私は自分の生活をどう律して行けばよいのかといふ疑惑が、――植ゑつけられた。私の心の煩悶はそ

こから始まる。それは私のこころの歴史の始まりだと云つてもよい。」(「大死一番」『自叙伝』五
——傍点筆者)

河上は、自己の「求道」の発端について、以上のように述べている。こうした言葉を手がかりに、河上がバイブルから何を、どのように受けとったかを、もう一歩突っ込んで考察してみよう。

二 理想的人間像の受胎

注意深く読んでみるならば、前節に示した河上の言葉からは、少くとも次の三つのことが読みとれるように思われる。

まず第一に読みとれることは、河上がバイブルから受けとったものは、「人間の行動の理想」としての「絶対的非利己主義」であり、そうした「倫理的規範」を啓示するものとしての「山上の垂訓」なのであって、必ずしもキリスト教の教義全体ではなかったこと、とりわけその宗教的核心をなす「福音信仰」ではなかったことである。この点が、同じくバイブルにおいて、「絶対的に非利己的な人間」という「理想的人間像」を受胎しながら、その後の河上が内村鑑三とは異なった思想

的進路をたどった理由であろう。* したがって、河上の「求道」の発端は、宗教的というよりも、むしろ倫理的といえる。しかもまさにその点において、それは、河上がそのなかで育てられてきた、儒教倫理的なエトスに接合されてもいるのである。河上がしばしば、彼がバイブルから受けとった「絶対的非利己主義」という「人間の行動の理想」のことを、同時に「道」というきわめて儒教倫理的なにおいの強い言葉で表現しているのは、こうしたところに由来すると考えられる。

＊　同じく儒教倫理的・武士道的教養を基底にし、やはり同じくキリスト教においてその「精神革命」の端緒をもちながら、なぜ内村が日本型クリスチャンの典型となりえたのに対し、逆に河上は日本型マルクシストの典型となったのかという問題は、日本思想史においてきわめて興味深い研究テーマの一つである。しかし、ここではその考察を他日に期しておくほかない。

第二に気づかれることは、マックス・ウェーバー的な言葉を用いて言うならば、こうした「倫理的規範」としての「道」に対する河上の態度が、きわめて「心情倫理」的な傾向を示していることである。* そのことは、彼がキリストの「垂訓」を「至上命令」と感じ、「無条件的に」頭を下げ、「文字通りに」実践すべきものとして受けとったところに、明白に示されていると言えよう。河上は、「山上の垂訓」をきわめて「心情倫理」的に受けとっている。まさにその故に、河上はいわゆるキリスト教徒の列に加わりえなかったのである。なぜなら、河上にとって彼らは、口ではこの「垂訓」を奉じながら、決して「文字通りに」は実行していない、不純・偽善の徒にみえたからである。このことは、もともと「倫理的規範」に対する彼の態度が、防長の士風によって培われた、志士的・直情的な傾向をおびていたことに由来するであろう。この志士的・直情的な、すなわち「心情倫理」的な傾向は、最後まで彼の「求道」の性格を強く規定しているのである。

＊ マックス・ウェーバーは、『職業としての政治』(一九一九)のなかで、人間の倫理的行動の二大原則として、「心情倫理」と「責任倫理」とをあげ、さらに「心情倫理家」のあり方について鋭い批評を試みているが、その批評は河上のなかにある「心情倫理」的傾向に対しても適切にあてはまるように思われる。ウェーバーによれば、「心情倫理」とは行為の結果を問題にせず、もっぱらその動機としての心情の純粋性に対してだけ責任を感ずる態度であり、「責任倫理」とは、行為の(予見しうべき)結果に対してあえて責任を負おうとする態度である。そしてまたウェーバーによれば、この二つの「倫理」は、互いに根本的に対立してはいるが、しかしこれらの相補的統一によってのみ、はじめて真に人間的な倫理的行為がもたらされうるような性質のものなのである。「心情倫理家」のあり方について、ウェーバーは次のように語っている。「純粋な心情の炎、例えば社会秩序の不正に対する反抗の炎が燃え尽さないこと、ただこのことに対してだけ心情倫理家は責任を感ずるのである」と。そしてまたこうした「心情倫理家」は個人的には高く評価されるにしても、多くの場合、「政治的には一個の子供である」とも批評している。

しかし第三に注意さるべきことは、河上の「求道」の態度が、前述のようにきわめて「心情倫理」的な傾向を示すものでありながら、決してたんにそれだけに止まるものでなく、むしろ基本的には、「心情倫理」と「責任倫理」との統一をこそ志向するものだったことであろう。先の言葉にもみられるように、河上は決して「現実」を頭から無視して「理想」に突進しているわけではない。むしろ「理想」を「至上命令」として受けとると同時に、その「実行」に対する「危惧の念」に襲われ、現実の「自分の生活をどう律して行けばよいのか」という「疑惑」を抱いているのである。この点で河上は、いわゆる「心情倫理家」たちのように「理想」と「現実」との間にある緊張的対立を回避してしまわず、むしろ意識的にその解決を「課題」として自らに課している、ということができる。言いかえれば、河上の「求道」の究極的な「課題」は、真に人間的な「倫理的主体」としての自己確立にある。「現実的・利己的人間」のままで「理想的・非利己的な人間」たりうるか、という問題の解決にある。こうした「課題」を、禅的な修業における「公案」として自らに課したところに、河上の「求道」の発端があったわけである。*

＊　河上は後に回想して、当時の彼にとって、あのバイブルの言葉は、禅宗で「見性」の手がかりとして与えられる「公案」の役割を果したと語っている。彼は、「かうした（絶対的非利己主義の）生活を文字通りに実行してゆくべきであるか、どうか。これが私の自らに課した公案であり、幸にもまた私はこの公案を一所懸命になつてどこまでも突き詰めることが出来た。」（「大死一番」『自叙伝』五）という。

以上を要約してみると、次のようなことになろう。㈠河上は「バイブルとの出会い」によって「絶対的に非利己的な人間」という「理想的人間像」を受胎した。㈡だが、こうした「理想像」を受容する母胎となったものは、彼のもっていた儒教倫理的な教養であり、しかもそれはきわめて志士的・心情倫理的な傾向の強いものであった。㈢こうして受胎された新しい「理想的人間像」は、河上の精神に一つの新しい「課題」を課し、それが彼の「求道」の発端となった。その新しい「課題」とは、「理想的自己」と「現実的自己」との間の分裂の意識から、必然的に志向されてくる新しい統一の実現であった。言いかえれば、このような統一の主体、新しい「倫理的主体」としての「自己」の確立と言うことであった。それが河上の求めた「道」だったのである。

しかし、われわれはここで、きわめて大切なことを確認しておかなければならない。それは、このようにして河上が求めた「道」が(i)たんに東洋の精神的伝統に系譜するものでなく、同時に近代市民社会の精神的状況に基底するものであったこと、また(ii)たんに河上という個人の特殊的課題に止まるものでなく、同時に近代日本の知識層に課せられた一般的課題につながるものであったことである。この二つのことは、相互に密接に連関している。そのことは、なぜ河上の「求道」の発端が、『論語』や『孟子』によってではなく、まさに「バイブルとの出会い」によって、もたらされねばならなかったのか、という問を問い直してみることによって明らかになるであろう。

前章で考察されたように、河上は「バイブルとの出合い」以前にも、漠然とではあるが、一種の「理想的人間像」をもっていた。それは伝統的・士族的な「志士的人間像」であった。しかしそれに付随している儒教倫理的な教説は、東京に遊学していきなり思想的混沌のルツボの中に投げこまれ、あらためて「近代的個人」としての「自己」のよるべき「倫理的規範」を摸索していた河上にとって、生き生きとした「人間行動の理想」を呈示するものではなかった。彼は、近代的・市民的な「現実的人間」にもっと即した、新しい「倫理的規範」を求めていたのである。こうした河上を考えるとき、西欧的・個人主義的な倫理の核心をなすバイブルの言葉が、従来の自己の立身出世的・利己的なあり方を徹底的に否定するショッキングな言葉として受けとられ、その呈示する「絶対的非利己的人間像」がきわめて清新な「理想的人間像」として映じたことは、当然うなずかれることである。

こうして受胎された新しい「理想的人間像」が、一方に伝統的・士族的な「志士的人間像」に系譜しつつ、他方に近代的・市民的な「現実的・利己的人間像」との緊張的対立を通して、するどく「理想と現実との分裂の意識」をかきたて、その自覚的統一、すなわち新しい「倫理的主体」としての「自己」の確立を「課題」として課してくるわけである。こうした「課題」のもつ思想史的意義は、後にあらためて考察するつもりであるが、とにかくそれが河上個人の「課題」であるに止まらず、同時に近代日本の知識層に課せられた歴史的な「課題」でもあったことだけは、ここで確認しておかれねばならない。

三　足尾鉱毒問題

「功名手に唾して成すべし」という「昂奮」にかられて東大法科に進んだ河上は、このようにして「バイブルとの出会い」を契機として、はじめて「非利己的人間」という「理想的人間像」を受胎すると同時に、「理想と現実との距離の意識に伴う苦悶」(『私のこころの歴史』『獄中日記』一)に悩むようになった。彼の「求道」は、そのような「苦悶」とともにはじまったのである。そうした「苦悶」は、大学生河上の生活を、さまざまな形で揺さぶり続ける。その典型的な一例として、われわれは「足尾鉱毒問題」に対する河上の態度をあげることができる。

当時、渡良瀬川沿岸の農民は、足尾銅山から流される鉱毒のために、ほとんど飢餓状態に陥っていた。それは、銅山経営主古河の非人道的態度による惨事というよりは、むしろ後進的な日本資本主義が、その急速な発展過程をたどるために、農民に対してその犠牲となることを要求した悲劇というべき事件であった。この悲劇に登場した立役者は、言うまでもなく「義人」田中正造であり、彼は農民たちの代わりに、老軀に鞭うってその窮状を天下に訴え続けていた。大学生河上はしばしばこの田中の演説を聞いた。そして、この問題の歴史的・社会的意義を理解したためというよりは、むしろ「義人」田中の姿のなかに、「非利己的人間」の具体像を見出して、強い感動をおぼえていた。*

＊ 河上は田中の演説から受けた感銘を、郷里の新聞に次のように書き送っている。「……半白の老人が食を忘れて怒号して居るのに、やれ恋であるの鮒であるなどと馬鹿を並べて居ては生きてる甲斐がないではないか、学問してゐる甲斐がないではないか。吉田松陰以下の志士を出した防長の山川であるから、まさか皆が皆、骨なしでもあるまい、お互に一つ奮発しようではないか。……読者諸君はどういふ人間が好きであるか……己のために諸君を犠牲にする奴が好きであつて、諸君のために死んでくれる人が嫌ひであるか。……もし諸君のために死んで呉れる人が好きであるならば、諸君も亦た人のために死なくてはならん。……『己のためにせられんと欲することを人にもせよ』との耶蘇の言はうそでない。……」（『花時所感』、明治三四・四・一六付『防長新聞』）ここには、儒教的教養からきた志士的・心情倫理的な態度と、バイブルから読みとった「絶対的非利己主義」の理想とのいわば河上的癒着の状況が見出される。

志士的・心情倫理的な傾向の強い河上において、「理想と現実との距離の意識に伴う苦悶」は、時として異常なまでの直情的・倫理的な行動となって激発する。明治三四年一一月二〇日の晩、本郷中央公会堂で行なわれた鉱毒地救助演説会における河上の異常な行動、自ら「気違いじみた沙汰」と回顧している行動は、まさにこうした「苦悶」の間歇《けつ》的な激発というべきものであった。

「私は代る代る演壇に立つた何人かの弁士（木下尚江・田中正造・島田三郎・田村直臣ら――筆者註）の演説から、沢山の罹災民がこの厳冬を凌ぐべき衣類とてもなしに鉱毒地を彷徨してゐるかの強い印象を受けた。と同時に、私の耳は「なんぢに請ふ者にあたへ、借らんとする者を拒むな」といふ、はつきりした声を聞いた。私は躊躇するところなく、差し当り必要なもの以外は一切残らず寄附しようと決心した。」（「大死一番」『自叙伝』五）

「窮民にすべてを与へよう」という「昂奮」にかられた河上は、会場を出る時、着ていた二重外套と羽織と襟巻を脱いで司会者潮田千勢子に差し出し、名も告げずに立ち去った。下宿に帰った河上は、さらに身につけている以外の衣類を残らず行李につめ、翌朝車夫に頼んで救済会事務所まで届けさせた。こうした行動は、たしかに「美挙」ではあるが、いささか異常である。救済会の方でも、あるいは「精神病者」の行動ではないかと疑ってみたりした。しかし、河上自身は大変「善い事をしたつもり」になって、意気揚々とそのことを郷里に知らせてやった。ところが、彼の予期に反して——といっても、それがむしろ当然というべきであろうが——、母からは叱責の手紙がきた。豊かでもない暮しのなかで、手ずから丹精をこめて織った衣類を、惜し気もなく寄付したことを戒める手紙であった。河上は、自分にとっては理想的と思える倫理的行動が、現実には愛する父母に喜ばれないことを知り、「昂奮」もさめて、ふたたび「理想と現実との距離の意識に伴う苦悶」のなかに連れもどされた。

「もしこの（バイブルの）言葉通りに身を処して行つたならば、私は父母に事ふることすら出来ない。私は暫くこの言葉に耳をそむけなければならないと思つた。」（「大死一番」『自叙伝』五）

四　経済学研究への疑惑

「暫くバイブルの言葉に耳をそむける」ことを決心した河上は、黙々として経済学の勉強にはげみ、翌明治三三年（一九〇二）七月、東大法科を卒業した。一応「下層士族」出身者の「立身出世」コースの振出しに立ったわけだが、卒業席次は六、七番というところだったので、いわゆる恩賜の「銀時計組」には漏れていた。そしてそのことは、当時においては、官僚としての「立身」コースを選ぶにせよ、学者としての「出世」コースを選ぶにせよ、すでにかなりのハンディキャップを覚悟せねばならぬことを意味していた。そして、河上が「アカデミー経済学者」としてのコースを選ぶようになったについても、主体的な決意よりは、偶然的な事情の方が、より大きく作用していた、といえよう。

というのは、河上ははじめ新聞記者になろうと志し、在学中からしばしば知名のジャーナリストたち（黒岩涙香・徳富蘇峯・木下尚江・島田三郎ら）を歴訪しては、就職を依頼していたからである。しかしその誰からもはっきりした返事がもらえず、その上学校から推薦してもらった三井銀行入社にも失敗した。いささか意気消沈していた河上が、偶然聞き込んだのが、農科大学に空席ができたという話である。そこで河上は、早速指導教授の松崎蔵之助に頼みこみ、そこの講師に推薦してもらった、というのが河上就職の実態であった。

さて、ようやく就職の見込みのついた河上は、まもなく大塚秀と結婚した。二四歳の時のことである。翌三六年（一九〇三）九月には、長男政男が生まれている。その頃の彼は、農科大学をはじめ学習院、専修学校などの講師をつとめ、また『国家学会雑誌』の編集委員をも兼ね、生活はかなり安定してきていた。「政界に雄飛しよう」という少年の夢は消えていたが、その功名心は形を変えて「学界に名声をあげよう」という形で復活していた。「既に経済学者を以て任ずる以上は、経済学に於いて先人未発の一大真理を発明し、以て不朽の名を書冊に留めざる可からず」（『社会主義評論』擱筆の辞）というのが、当時の彼の心境であった。河上は毎晩三、四時頃まで勉学にはげんだ。彼の最初期の諸著作は、いずれもこうした「不朽の名」を得んがための「刻苦精励」の所産である。*

＊ 当時の彼の著作としては、『経済学上之根本観念』（明治三八・一月）、『歴史の経済的説明——新史観（訳）』（同年六月）、『経済学原論』（同年九月）、『日本尊農論』（同年一一月）などがあげられる。これらの著作の内容については、第四章でふれる。

さしあたっての河上の最大の希望は、「海外留学」にあった。その希望を達成すべく、彼はまず「せめて博士の学位だけは之を得おくべし」（『社会主義評論』擱筆の辞）と考えた。目標が一旦決まれば、それに向って直進するのが彼の流儀である。彼は研究に専念できる態勢を整えようと、妻子を郷里の父母の手許に預け、単身食事付きの貸間に住み込んだ。この転居は明治三八年一〇月一日に行なわれたのであるが、その前夜、彼は遅くまで『読売新聞』に寄せるための原稿を、すなわち『社会主義評論』の第一信を書いていた。言うまでもなく、この評論こそ、河上が中央論壇に登場するきっかけとなったものであった。

当時の河上は、なるほど「勤勉有能」な新進学徒であったかも知れないが、明らかに「利己主義」のとりことなった人間であった。『社会主義評論』執筆にあたって、はじめ「千山万水楼主人」という匿名を用いたのも、「社会主義に同情したり、政府の政策を非難したり、先輩の悪口を言ったりする」記事の筆者であることが「世間に知れては困る」、アカデミー学者としての出世コースをたどる上に「不得策である」と判断したからであった（『社会主義評論』例言）。しかし、それでは、河上はまったくあのバイブルの言葉を忘れてしまっていたのか。「非利己的人間」への情熱を失って「利己的人間」に逆もどりしてしまっていたのか。そうではなかった。「理想と現実との距離意識に伴う苦悶」は、依然として彼の心の底にくすぶり続けていたのである。その火は、やがてまた烈しい炎となって燃えさかり、彼の全身全霊を焼きつくすことになる。『社会主義評論』の「擱筆の辞」はそうした炎の奔出であった。

『社会主義評論』の内容は、次節で考察するが、その前提として注意しておくべき点は、その執筆中における河上の精神状況である。この点に注意しておかないと、その「擱筆の辞」における論調急変の由来が、まったく理解できないことになるからである。では、当時の河上はいかなる精神状況にあったのであるか。

「私は折角経済学の研究に全力を献げようと身構へしたのに、その瞬間、却て之を抛擲すべきではないかとの疑問に捉へられたのである。」(「大死一番」『自叙伝』五)

と河上は書いている。なぜか、家族から離れて一人になった河上の耳に、ふたたびあのバイブルの言葉がひびいてきたからである。そして河上において、彼が今専念しようとしている「経済学研究」という「道」は、「結局のところ、ただ一身の名利を追求する」ための手段として選ばれた方向であって、そのかぎりまったく「利己主義」の「道」であるにすぎず、バイブルの言葉が指し示す、あの「絶対的非利己主義」の「道」とは「正に相反するものである」ことが、ようやく明瞭に自覚されはじめてきていたからである。自分の「経済学研究」がそうした性格のものにすぎない以上、いさぎよくこれを抛擲すべきではないか。こうした「疑問」に捉えられた河上は、一方に連載の『評論』の筆を進めながら、他方では勉学に手がつかなくなり、「宗教書を手にして考へ込んで」いたり、「街頭を乞食の如くさ迷ふ」たりしていたのである。

問題はふたたび「利を求むべきか、義に従ふべきか」にあった。ただし今度はもっと具体的に「余は引続き経済学の教員たるべきか、或は其の職を辞し彼のトインビーに倣つて貧民教育の事に従ふべきか」（草稿『余が懺悔』）という形で、彼にその決断を迫ってきていた。なぜ「トインビーに倣おう」としたのかというと、当時河上は『評論』の中でトインビーの業績を取り上げ、「経済学者にして一代の仁人」たるトインビーのあり方に、強い感動をおぼえていたからである。* ふたたびこの問題の解決に苦しみだした河上は、「踏跙逡巡」の末、遂に明治三八年一一月二八日に至って、断乎として「義に従ふ」決意を固めたのである。この決断は、同日夕刻、偶然手にとったトルストイの『我が宗教』からの強い感銘を契機としている。一二月四日、彼は巣鴨に「無我苑」を主宰する伊藤証信を訪ね、その教示に従って「無我愛」の伝道に専念しようと決意する。翌五日、この決意のもとに、彼は在職中の各学校に辞表を提出する。そして『社会主義評論』の「擱筆の辞」が書かれたのは、その翌々日、一二月七日の夜のことだったのである。

＊　ここでいうトインビーとは一九世紀イギリスの経済学者 A. Toynbee (1852—83) のこと。彼は名著『産業革命』の著者であるばかりでなく、熱心に「貧民教育」に従事し、そのために健康を害して早逝した。河上は彼を評して『嗚呼トインビーは学者として或は失敗せり、然れども彼は人として成功せりき、蓋し清き美しき生活の歴史を残すほど尊き偉なる事業あらざればなり』（『社会主義評論』第二六信）といっている。

五　『社会主義評論』

『社会主義評論』の第一信が『読売新聞』紙上に現われたのは、明治三八年（一九〇五）一〇月初旬のことであった。当時、社会主義運動は、日露戦争中の幸徳秋水、堺利彦ら平民社一派を中心とする非戦論の提唱を契機として、国民の前にクローズ・アップされてきており、これについてのすぐれた評論が待望されていた。河上の『評論』は、まさにこの期待に応ずるものであり、しかも、文章もきわめて生彩に富むものであった。匿名への興味も手伝い、読売の発行部数は急増したといわれる。ところがこの評論は、ようやく結末に近づく頃になって、その論調を急変させてきた。そして、遂に一二月初旬に至り、まったく読者の思いもかけぬ「擱筆の辞」によって結ばれることになった。そこには、「千山万水楼主人」の仮面を脱ぎすて、今までの論述をすべて「一場の囈語」と断定し、以後はもっぱら「無我愛」の真理の「伝道者」たらんことを宣言する白面の一青年、「法学士河上肇」の素顔があった。彼の「内面のドラマ」を知るすべもない読者は、ただ啞然として目をみはるほかなかったのである。

さて、この『社会主義評論』は三六回にわたる書信の形式をとっている。その原本は、現在では稀覯本の中に属しているので、やや詳しくその内容を紹介しておこう。――第一信から第四信までは序言である。それはまず「北鷗兄足下、余不治の病を得て西欧より帰朝し、房総の間に客たること茲に二年」といった調子で、ことさらに筆者をかくす煙幕をはり、ついで「社会主義」が「向後の一大問題」であって、その「研究」は「苟も世務に志あるものゝ一日も閑却し難き問題」であることに説き及ぶ。そしてまず、

「夫れ社会主義の本質たる、固と経済上の一主義たり、然もその関聯する所、政治、宗教、倫理、道徳、其他社会各般の事項に及ぶ、随つて之れが完全なる批評は、是等社会各般の諸学に精通するの士を待つて始めて聞くを得べし。宜なり矣、本邦社会主義に関する著述の多く見るに足るなく、其社会主義者の手に成れるものは、概して偏狭独断の弊に陥り、其の然らざる者の手に成れるものは、実らに情熱誠意に乏しきの短を加ふるや。」（第一信）

といった調子で、従来の「研究」への不満を表明し、手はじめに当時の東西両帝大の経済学者、金井延・田島錦治らの名をあげて、その「社会主義研究」の安易さ、浅薄さを痛罵し、「政治家頼むべからず、大学教授頼むべからず、宜しく国民自ら思慮すべきなり」（第四信）と語っている。これは、従来ほとんど見られなかった官学アカデミズムに対しての実に颯爽たる、しかも自信にみちた

批判であった。読者がその論旨の展開に、多大の興味を寄せたのも当然と思われる。

次に、第五信から第一二信までは、近世社会主義の起因を論じている。まず、「経済的不平等の救済を目的とせる社会主義は何が故に近時に至りて始めて勃興したりしや」（第五信）と問い、「其の主要なるものとして、余は二個の事実を掲ぐるを得べし。一は人類平等の思想なり。二は財力重視の思想なり」（第五信）と答え、マルクスの「物質的歴史観」（唯物史観のこと――筆者註）ないし「科学的社会主義」の成立を論じ、幸徳秋水らの唯物論的社会主義、安部磯雄らのキリスト教的社会主義、トルストイ・内村鑑三らの唯心論（精神主義）といった諸思想の解説、批判に説き及ぶ。以下、社会主義の三大主張の説明（第一三信―第一七信）にはじまって、次にその三大主張の起因を検討・批評（第一八信―第二一信）し、さらに筆者自身の現代社会観・社会主義観を論述（第二二信―第三一信）し、「理想としての社会主義」の問題（第三二信―第三五信）に転ずる。そして、その「擱筆の辞」（第三六信）をもつことによって、この『社会主義評論』は、まさしく「天下の奇書」とよぶに値するものとなったのである。

第三一信までの河上、すなわち、「千山万水楼主人」は、従来の「社会主義研究」の不備を批判する気鋭の学者であるとともに、唯物論・唯心論のいずれをも「極端に走れるもの」とみなし、「物心二界の改善相俟つて、始めて人生の燮理あらん、進歩あらん」と説く折衷主義的な、穏健な思想家でもあった。したがって、そのいわゆる「物的改善」の方策においても、トインビー流の「慈善事業」や「国家的共同経済主義」といった社会政策を主張するに止まり、「社会主義の主張は用ふ可からず」と説く改良主義的な、人道主義者であるに止まっていた。そこには、後の『貧乏物語』の著者たるべき人道主義的経済学者としての風貌はうかがわれるにもせよ、突如として「無我愛」の使徒という極端な唯心論的宗教者に転ずる気配や、或いはやがて、『資本論入門』の著者として戦闘的な唯物論的社会主義者と化する兆候は、ほとんど見出されないといってよい。しかし、この間、すでに河上の内心においては、「利己主義的・観想的な経済学者として止まるべきか、或いは、非利己主義的・実践的な貧民教育者たるべきか」といった倫理的・主体的な「苦悶」が生じていたことは、前節の通りである。この「苦悶」の炎は、第三信以後、まず「理想社会」としての「社会主義社会」に対する、情熱的な讃美の言葉において現われはじめる。

河上は、「社会主義が果して実行され得べきや否や、殊に社会主義者の主張せる手段によりて実現さるべきや否や」という点については、これを「問題」として保留する。後に述べるように、この点については「社会主義者の主張」に対して否定的である。しかし彼は、さしあたり「社会主義実行せられたりと仮定して、余をして其の理想郷の美所を空想する所あらしめよ」というのである。では、なぜ河上は「社会主義社会」を「理想郷」と考えるのか、これについては後に再考されるが、要するに彼によれば、「社会主義社会」とは、生産も消費も利己的・自愛的な個人生活のためにではなく、非利己的・他愛的な共同生活のためにのみ行われる社会なのである。つまり「非利己的人間の共同社会」という意味での「理想社会」なのである。こうした「理想的社会像」が、先に述べた「絶対的非利己的人間」という「理想的人間像」との対応において、受胎されたものであることは明瞭であろう。河上は、こうした「理想社会」を讃美して、

「然れども足下、若し社会主義にして実現されたりとせば、其社会は実に整頓せる社会なり、合理の社会なり、美しき社会なり、麗はしき社会なり、うれしき社会なり、心地よき社会なり、余は之を余が脳裡に想像する毎に、転々無上の歓喜悦楽に酔ふを禁ずる能はず。」（第三二信）

と語っている。しかし彼がこうした「理想社会」のイメージを描いて、「無上の歓喜悦楽に酔ふ」のは、それが「社会主義をして実行せしめ得べき」前提条件となっている「純無我純他愛の人心の理想郷」の実現のイメージと重なり合っているからである。したがって、「理想社会」に対するこうした情熱的な讃美の言葉は、実は彼の内心にひそむ「理想的人間像」に対する讃美の言葉にほかならず、それに対する情熱の再燃を物語るものにほかならないのである。

炎はすでに燃え上りはじめた。河上はここから、今までの折衷主義的な、改良主義的な、物心二

元論的な態度を一擲し、純粋に、極端に、唯心論的な方向に向って直進しはじめるのである。当時の河上においては、こうした「理想社会」としての「社会主義社会」の実現を阻む最大の障害は、ブルジョア政権の圧力ではなく、「社会を組織せる各個人の利己心」（第三五信）であると考えられた。したがって「利己的人間」から「利他的人間」へという「精神革命」の実現こそ、いわゆる「社会革命」の前提条件であり、むしろその基本条件であると考えられたのである。したがって河上は、この立場から、唯物論的社会主義者の主張ばかりでなく、「物心両界の改善」を説く点でこれまでの河上に最も近いようにみえる、キリスト教的社会主義者の主張に対しても、トルストイとともに*その信仰の「不純」、「不徹底」を攻撃しだすことになる。一方で「神の愛を信ず」と述べながら、他方で「社会組織の改良」にも努めることは、「自己の力により神の愛の不足を補はんとする」ことだから、信仰者としてきわめて「不純」、「不徹底」なあり方と言わざるをえない、というわけである。

* トルストイ主義が当時、およびそれ以後の日本の知識層に与えた影響は、きわめて広汎かつ深刻なものであった。その影響は、後に「白樺派」の「新しき村」のような実践運動を生みだすことにもなるが、その時にはすでに河上はトルストイ主義を脱皮して、これに批判を加えている（「新しき村の計画」『社会問題管見』大正九年）。ちなみに、この「白樺派」の主要メンバーである志賀直哉や武者小路実篤は、当時学習院高等科の学生として、河上講師の経済学講義を聞いていたのである。武者小路は後に「僕達が高等科に居た時分は日本思想界の動揺してゐた時分だつた。日露戦争前後で、樗牛が盛んに書いてゐる時分

だつた。トルストイの本がかなり訳された。社会主義も盛んだつた、自称予言者が輩出した。……『平民新聞』も『無我愛』も無論読んでゐた。……経済の先生河上肇が無我愛に入る前で匿名で社会主義の批評を読売に出してゐる時分で興奮してゐた。」(「白樺を出すまで」『白樺』大正七・一)と回想している。

また河上はここでトルストイが安部磯雄に送った手紙を引用しているが、これは、日露戦争中に「平民社」同人が安部の名で、当時ロシアで同じく非戦論を唱えていたトルストイに送った手紙の返事である。この「一九〇四年一〇月二三日付」の手紙の中で、トルストイは社会主義を否認し、神の愛を信ずることだけが人類を幸福ならしめる「唯一の真法」であると説いている。トルストイは、「社会主義は人間性情の最も賤き部分の満足(即ち其の物質的の幸福)を以て目的と為す」もので、しかも「其の幸福は決して其の唱導する手段に依りて到達すべきものに非ず」と述べ、「人間の真の幸福」は「すべての人間の宗教的・道徳的完成」によってのみ到達されると考える。彼がここでいう「宗教」とは、「人間一切に通ずる神の法則に対する合理的信仰」を意味し、実際的には「すべての人を愛し、すべての人に対して己れの欲する所を施す」行為として現われる。これが人類を幸福にする「唯一の真法」であって、社会主義運動はむしろこの真法の「使用を妨げる」ものである、というのが彼の主張であった。河上の「無我苑」入りは、こうしたトルストイ主義への共鳴を踏台としてなされたのである。

このようにして河上は、「理想社会」としての「社会主義社会」を讃美しながら、かえって「社会主義」の実践や「社会科学」の理論に背を向け、一路「無我愛」の方向に進んでいく。伊藤証信との出会いは、ただ彼がこの方向に向って全力疾走をはじめるべく、偶然的に与えられた契機であったといってもよい。第三五信の末尾にいたり、彼は突如として次のような信仰告白を書きつける。

「余固と浅学下根、しかも何の幸ぞや、頃日始めて神の全愛を悟了し得たり、天空海濶、始めて絶対の自由を得て歓楽譬へんにものなし、顧みて此の一篇の評論を見、真にこれ一場の囈語に過ぎざりしを思へば、自ら笑はざらんと欲するも得べからず……」（第三五信）

読者はただ唖然とするほかなかったであろう。しかしこの『評論』が「天下の奇書」であるのは、ただそれがこうした信仰告白に終っているからではない。それよりもむしろ、それに続く第三六信「擱筆の辞」において、彼があまりにもむきだしの、ほとんど「露出狂」的な自己告白を展開しているからなのである。彼はそこで、

「既に余は絶対最高の真理を捉得せり、……もし人に伝ふべくんば宜しく此の大道を伝ふべし、何ぞ区々這箇無用の小主義（社会主義を指す――筆者註）に付き無益の弁を労せんや……これ余が玆に本日を以て筆を此の評論に絶つ所以なり。」（第三六信）

と述べ、さらにこの「絶対最高の真理」とは、孔子が「朝に道を聞けば夕に死すとも可なり」とい

っている、その「道」のことだと語っている。そして、彼はそこからこの「余が夕に死すとも可なるの実感を証明せんが為め」に「赤裸々に過去の事跡を告白する」仕事に取りかかるのである。その内容は「利己的人間」としての過去の河上の「懺悔録」であるが、その告白があまりにも「赤裸」であるため、読者に思わず彼の精神状態を疑わせるような個所が多くある。*しかも彼は大まじめに「人は見て狂と為さん、しかも余之を為して恐れず、豈奇ならずや」などと語っているのである。

* 後に河上は、「自らの懺悔をなすが為に自己以外のものにまで迷惑を及ぼすに至りし」点を反省して、この『評論』の改訂第五版（明治三九・七）以降、第三五信の後半以下を削除しているので、ここでもあえて詳しくは紹介しないことにする。大学在学中の異性との関係やそれに伴う罪悪感に関する個所、卒業後自宅に親戚の子を寄宿させたために生じた不快感に関する個所、勉学のために単身下宿生活をはじめてからの「妻を慕うが為の苦しみ」を叙した個所など、その記述は「率直」と言えば言えるが、いささか「異常」である。抑圧されていた道徳的エネルギーの「異常な」激発とみるべきであろう。例えば、「余が妻は、余が大学卒業前未だ殆ど一面の識なき当時より、余が理想の妻として日夜恋ひ慕ひたる女にして（奇なる哉、余は書して此処に来り数滴の涙を催せり、然れども奇なる哉、其の数滴の涙に止りしこと、而して早や涙をさまれり）余は此の妻と分れ住むを以て最も苦痛を感じたり」といった調子である。

河上は後にこの当時のことを自己批判して「盗賊大道を説くの狂態」（『社会主義評論』改訂第五版序文）とまで極言している。それでは、なぜこうした「狂態」が演じられねばならなかったのであろうか。それは、当時の河上が伊藤証信の説く「無我愛」の教えを、これこそ自分が求めてきた「道」だと錯覚したこと、この錯覚にもとづいて「余既に大道を得たり」という昂奮にかられたことに由来している。次にその「錯覚」のありようを探ってみよう。

六　「無我愛」への錯覚

河上が伊藤証信の主宰する「無我苑*」に入り、またそこを出るまでの「こころの歴程」は、後に河上自身が「今振り返つて吟味すると、私自身がその奇妙なる径路に踏み迷ふ」(『自叙伝』一)と語っているほど、錯綜したものであった。その錯綜は、河上が求めていた「道」としての「絶対的非利己主義」＝「無我愛」と、伊藤が説いていた「道」としての「無我愛」とが、言葉としては同じものでありながら、内容としては全く異なったものであったことに由来している。河上は、言葉が同じであることから内容もまた同じものと錯覚して、伊藤的「無我愛」に近づき、この錯覚を自覚するやいなや、それから離れたのである。しかしそれは、伊藤的「無我愛」から離れたことであっても、決して河上的「無我愛」から離れたことではない。むしろ河上は、こうした錯覚の過程のなかで、一種の宗教的体験をもち、その体験によって河上的「無我愛」の真理性を体得し、確認しえたとすら考えているのである。すなわち、それは、河上にとって、伊藤的「無我愛」の錯覚の過程であると同時に、河上的「無我愛」＝「宗教的真理」の自覚の過程でもあったのである。

＊ 伊藤証信は当時三〇歳、真宗の僧籍を離脱して、巣鴨大日堂に「無我苑」を開き、味噌を嘗めて生活しながら『無我の愛』というパンフレットを編集、発行していた。河上の錯覚は、このパンフレットの誤読からはじまる。

すでに第二節でみてきたように、あの「バイブルとの出会い」以来、河上は一つの「公案」を自らに課してきていた。それは、バイブルの教える「絶対的非利己主義」＝「無我愛」の生活を文字通りに実行すべきであるかどうかということであった。いいかえれば、「現実的・利己的な人間」としての自己は、はたしてその「利己心」＝「我執」を脱却して、「理想的・非利己的な人間」たりうるかどうか、ということであった。河上は、「倫理的主体」としての自己を確立するためには、どうしてもこの「公案」を解決しなければならなかったのである。こうした課題を背負ってあえいでいた河上にとって、トルストイや伊藤証信は、この課題の解決を身を以って示している輝ける先達と感じられた。河上は、伊藤の説く「無我愛」こそ、自己の「公案」に解決を与えてくれるものだと錯覚し、「経済学」を捨てて「伝道者」たらんと決意した。しかし、伊藤の説く「無我愛」の内容は、決して河上の「公案」に解決を与えうるものではなかった。

「吾人は仏教なるが故に信ずるに非ず、基督教なるが故に信ずるに非ず、将又、儒教なるが故に信ずるに非ず。只絶対の真理なるが故に之を信ずる也。何をか絶対の真理といふ。曰くいひ難し。暫く語を藉りて、無我の愛と名づけんか。夫れ宇宙の本質は無我の愛也。宇宙を組織せる一切の個体は、其本性に於て無我愛の活動也。即ち一個体が、自己の運命を、全く、他の愛に任せ、而も、同時に、全力を献げて、他を愛する、之を無我愛の活動といふ。

吾人は久しく宇宙と自己との本性を覚らず、妄りに、我執と憎悪とを以て自ら煩悩し来りき。而して、今や、則ち、廓然大悟、竟に絶対的平安の境を得たり。玆に翻て思ふ、釈迦、基督、孔子等の諸聖の道、亦実に之に外ならざりしを。」（無我愛同朋「確信」——傍点筆者）

伊藤が「絶対の真理」として説き、河上がそれを聞いて「大道を捉得せり」と錯覚した、伊藤的「無我愛」の内容は、以上のようなものであった。注意深く読めばただちに気づかれるように、伊藤的「無我愛」は、「倫理的主体」としての実践的自己の確立というような河上的「無我愛」の課題を解決するものではない。むしろそうした課題の設定それ自体を否定するものである。なぜなら、伊藤によれば「無我愛」とは「宇宙と自己の本性」であり、一切の事象は、「無我愛の活動」の現われでないものはないのだから、自己の行為についてことさら利己的か、非利己的かと倫理的反省を加える必要は全くないことになるからである。したがって、ことさら「全力を献げて他を愛する」ことに努力しなくとも、すべての人間活動はおのずから「無我愛の活動」になっている、むしろそれ以外のものではありえないのである。伊藤の言う「絶対平安の境」は、こうした「絶対の真理」を自覚することによってもたらされる。しかし、それは、現実即理想、利己的活動即非利己的活動と観念することから、人間の「実践的・倫理的本性」の自己疎外の正当化をみちびく以外の何ものでもない。それが、「倫理的主体」としての実践的自己のあり方を、まさに理想と現実との緊張的対立のさなかで、「どこまでも突き詰め」てみようとする河上的課題を、少しも解決しえないことは明らかである。

ところが河上は、自分勝手にこの伊藤的「無我愛」主義こそ自分の求めていた「全力を献げて他を愛する」主義である、河上的「無我愛」を実践している主義であると錯覚した。そして、この錯覚にもとづいて「無我苑」に入り、この錯覚に気づいて「無我苑」を去る。その間、約二ヵ月である。もっとも彼が完全な「錯覚」に陥っていたのは、わずか五日間にすぎない。それは、彼がはじめて伊藤を訪ねた明治三八年（一九〇五）一二月四日から、二度目に訪ねた一二月八日までの間である。この二度目の訪問で、彼は早くも、ぼんやりとではあるが、伊藤の立場に不満を感じ、「無我苑より独立して伝道の事に従はんとするの計画」（草稿『我が懺悔』）さえいだいている。彼がこのぼんやりとした意識を明瞭化し、伊藤的「無我愛」が自己の「無我愛」とは無縁な「暴論邪説」であることを確認し、「無我苑」離脱を決意するに至るのは、それから二ヵ月後、明治三九年（一九〇六）二月初旬のことであった。

七　「宗教的真理」の所得

しかし、この「無我苑」における二ヵ月は、河上にとってたんに錯覚の過程だったわけではない。それはまた、彼のいわゆる「宗教的真理」＝「絶対的無我」の自覚の過程でもあった。そして、この自覚は、彼のいわゆる「奇異なる体験」（草稿『余が懺悔』）によってもたらされているのである。この体験によってもたらされた「絶対的無我」の自覚こそ、彼がこれまで自らに課してきた、あの「公案」に一つの解決を与えたものである。それは、例の伊藤的「無我愛」の真理とは全く別な、いわば河上的「無我愛」の真理である。後年の河上が、「科学的真理」に対して「宗教的真理」とよんでいるものである。河上にとって、この時の体験的自覚がきわめて深刻なものだったことは、次の告白——それは実に死の三年前の告白である——に感銘深く示されている。

「今年六十五、人生を終らんとするに臨み、絶対的無我といふ一つの宗教的真理とマルクス主義といふ一つの科学的真理とは、私の心の中に牢固として抜くべからざるものとして弁証法的統一を形成しつつ、我をして無上の安心に住して瞑目するを得しむる我が一生の所得であつたと、私は確信して動かない。」（「自画像」『自叙伝』二——傍点筆者）

ここで「絶対的無我」という「宗教的真理」と語られているものこそ、この時の「宗教的体験」による所得にほかならない。それは決して瞬時の昂奮に止まるものではなく、「一生の所得」を与えるものだったのである。こうして捉得された「宗教的真理」なるものと、マルクス主義という「科学的真理」なるものとの関係を考察することは、後章に譲られねばならない。ここではただ、その考察の前提として、こうした真理を自覚する契機となった「宗教的体験」について、簡単にみておくことにする。

バイブルの教える「絶対的非利己主義」＝「無我愛」の生活を文字通りに実行すべきかどうか、これが河上が自らに課した「公案」であった。そして、河上はこの「公案」を自分なりに「どこまでも突き詰め」てみようとしていた。こうした河上は、伊藤との二度目の会見の後、彼が「全力を献げて他を愛する」と言いながら、その言葉を文字通りには実行しようとしていないことに不満を感じた。とりわけ、彼が夜になって睡眠をとることに不満を感じた。なぜなら河上は、もし本当に全力を献げて他を愛しようとするなら、当然不眠不休で働くべきではないか、と考えたからである。

「余は翌九日に至つて、全く無我苑より独立し、而して余自らは爾今寝ねず休まずして此の真理を伝え、使用に耐え得る限りに於て此の五尺の痩軀を使用し尽し、死して後已まんのみと覚悟したり。而し余が最も奇異なる体験を経たりしは、実に此の決意を為せし当夜なり。」（草稿『余が懺悔』）

ここには、例の「公案」を「どこまでも突き詰め」てみようとしている、河上の姿がみられる。彼は、その「突き詰め」を、たんに理論的にではなく、実践的に遂行してみようとしたのである。もし、たんに理論的に考えるなら、とくに「睡眠」だけが問題になる理由はないはずである。「睡眠」が利己的と言われるなら、飲食や着衣も当然利己的と言われねばならないからである。しかし、彼は理論的にではなく、実践的に「利己的人間」の自己否定を問題にしようとした。現実的人間にとって「寝ねず休まず」の絶対的非利己的活動の主体たることが、はたして文字通りに実行可能かどうかを、自己実験的に検証してみようとしたのである。ところで「睡眠」の否定は、現実的人間にとっては、言うまでもなく「生命」の自己否定を意味する。したがって、この「自己実験」の敢行は、倫理的要請の下における文字通りの「死」との対決を意味したのである。「私は死を考えたのではない、死を決したのだ、死に直面したのだ」（「大死一番」『自叙伝』五）と河上は言う。いわゆる「奇異なる体験」＝「自我滅却、大死一番の瞬間の体験」（同前）なるものは、こうした自己否定への実験的「決意」の線上に生れたものであった。

一二月九日の夜半、午前一時過ぎ、『吾等の信ずる宇宙の本性』と題する原稿を草して、「夫れ宇宙は無限なり、個体は有限なり。……宜なる矣、一切の個体は絶対に自己の力によりて存在するに非ずして、其の存在は絶対に他のものの力に依るや……」と書きつけてきた河上は、突如として「異常な精神状態」*に陥った。この時、河上の頭脳は「形容すべからざる明快」を覚え、現在の自己が「余りにも偉大なる真理を悟つた」ことに驚き、「神われをして物を書かしめ給ふ」ように感じた。「私は此の時に謂はゆる回光返照をなし、仏教にいふ無我を悟つたものの如くである」（「大死一番」『自叙伝』五）と河上は言う。やがて、原稿を書き続けようとした彼は、「急に何物にか頭脳を襲撃せられたるが如く」感じ、筆を投じて「苦悶」するに至った。「私はこの瞬間に、再び物心対立の世界に復帰したのであり、以下の事柄は、さうした意識現象の変化に伴うた偶然的な付随現象であつたのであらう」（同前）と、河上は語っている。この「付随現象」は、その後数日の間続き、この間河上は、「全身に至つて殆ど皮膚の感覚を失ひ、手や足などを抓つて見ても、少しも痛みを感じないで過した。」（同前）

* この「異常な精神状態」について、河上は「何物かあつて余が身体を軽く和かく抱き上ぐるが如く覚えたり。余は暫くの間、両腕を伸ばし身体を動揺せしめつつ、坐りながら体を自然の動揺に任せて浮ばせ居たり」とか、「余は何物かありて、余が身体を抑へ、余を畳上に圧伏せずんば已まざるものあるを感じたりき。……余は涙を流して苦悶せり。両腕を畳上にねぢつけ、頭を攫むに両掌を以てし、猶ほ頻りに苦悶せり」とか記している（草稿『余が懺悔』）。これは、精神病理学的にみれば「一時的な発狂現象」の記述

であるに過ぎない。しかし、河上の精神にとって、こうした「体験」による所得が、たんに一時的なものに止らなかったことは、先述の通りである。

ともかく河上は、こうした体験的自覚を通して、自らに課してきた「公案」を、彼なりに「解決」しえたと感じ、「身の軽きを覚え得た」のである。では、これはいかなる「解決」であったか。

「『汝に請ふ者に与え、借らんとする者を拒むな。』そんなことを実行したら、生きて行かれないだらうと、依前私が危惧したのは、私がこの五尺の体軀を我と思つたからである。しかし、此のからだが我なのではない。元来このからだを自分の私有物と思ふのが間違ひで、之は暫く自分の預つている天下の公器であると云ふことを悟るならば、このからだを大切に育て上げ、他日必要と認めた場合に之を天下の為に献げると云ふことこそ、自分の任務でなければならぬ、と云ふことが会得される。かくて私は、絶対的な非利己主義を奉じながら、心中毫末の疚しさを感ずることなしに、このからだに飲食衣服を供し、睡眠休養を許し、なほ学問をもさせ智識をも累積させて行くことが出来るやうになつた。」(「大死一番」『自叙伝』五――傍点筆者)

「体験」がきわめて、「異常」なものであったに反し、これから導かれた解決は、むしろ「平凡」

なものであったといえよう。河上は「理想的・非利己的自己」の実現を追求して、「現実的・利己的自己」の否定を「突き詰め」ようとした。その極、「現実的・個人的自己」は「小我」であるにすぎず、「自己そのもの」はこうした「小我」を超えた「大我」に、すなわち「自己」成立の基盤をなす「宇宙」ないし「天下」につながっているという事実を自覚した。彼が「絶対的無我」の自覚といっているものは、言いかえれば「個人的・主観的自我」の立場から「超個人的・客観的自我」の立場への転化にほかならない。河上はあらためてこの立場から、これまでの課題であった「利己的自己」の否定を、自己をして「真に天下の公器たるに値せしむる」ための「絶えざる私心の掃滅」として把握し直すことになる。その結果、「絶対的非利己主義」のテーゼを変えることなく、安んじて自らに、「睡眠」はもとより、「勉学」をも許容しうるに至った。これが「絶対的無我」の自覚による「公案」解決の内容であった。

河上における「宗教的真理」の所得とは、ほぼこのようなものであった。それは、さし当りきわめて形而上学的・唯心論的な色彩のもとに把握されている。しかしわれわれは、まさしくそのことを契機として、河上の「求道」の視野が「個人」から「社会」へ、「倫理」から「科学」へと開けていることを、見落してはならないであろう。

八　経済学研究への回帰

バイブルの言葉から「絶対的非利己的人間」という「理想的人間像」を受胎した河上は、その実現をもっぱら河上という「個人」の問題、「個人」における「倫理的主体」の確立の問題として追求してきた。しかし、「宗教的体験」以後の河上においては、行為が「利己的」かどうかを決める基準は、「主観的個人」ではなく「客観的社会」に求められねばならぬことになる。なぜなら、そこでは「絶対的非利己的人間」なるものの内実は「個体を天下のために献げる人間」、「天下の公器たるに値する人間」として把えなおされているからである。しかし「天下」とは何か、「天下のために」とは具体的にいかなることであるか。もし河上がこのことをさらに追求していこうとするならば、彼は必然的に「個人」としての彼自身がそこにおいてある「歴史的社会」の具体的構造を、科学的に究明しなくてはならぬことになろう。言いかえれば、「宗教的真理」を所得した河上は、そうした自覚の線上において、あらためて「科学的真理」を追求し、さらに両者の統一を「課題」とせねばならぬことになろう。ここにおいて河上の「求道」はまず「経済学研究」への疑惑・否定から出発しながら、あらためてそれとの再結合を求めて、新たな一歩を踏みださざるをえなくなるのである。

しかし、前述のように、河上における「宗教的真理」の所得は、さしあたりきわめて形而上学的・唯心論的色彩の強いものであった。したがって、そうした意識のもとでは「科学的真理」の追求もまた、きわめて錯雑した過程をたどらざるをえないことになる。では伊藤的「無我愛」への錯覚が続いていた時代における河上は、「社会」ないし「社会科学的真理」に対して、いかなる見解をもっていたか。このことは、当時彼が『読売新聞』に連載した「人生の帰趨」という評論の中に、うかがうことができる。* そこでは、「無我愛」の真理と「経済学」との関係にふれて「経済学」とは「人類の経済的活動」について研究する学問であるが、この「経済的活動」もまた他の一切の活動と同じく「無我愛の活動」にほかならない、という見解が述べられている。

* この「人生の帰趨」は『社会主義評論』擱筆の後を受けて、同じく『読売』紙上に明治三九年一月四日以来連載されたものであるが、やはり前の『評論』同様、同年二月二七日に至って中途で擱筆された。「擱筆の辞」には「一身の不徳を顧みて、真理を汚すの罪を畏るる」に至った故に「本日を以て筆を擱く」と述べられ、あわせて『無我の愛』の終刊、「無我苑」の閉苑が告げられている。

「経済的活動」も「無我愛の活動」の一種だというのは、伊藤的「無我愛」への錯覚にもとづく形而上学的・唯心論的見解にほかならない。しかし、われわれにとって興味深い点は、まさにこうした見地をとることを通して、河上が(i)市民的人間の利己的な経済的活動の是認、(ii)経済学の自然科学的・機械論的唯物論的な把握にみちびかれていることである。まず(i)についてみると、彼は出版業者の例をあげて、業者は個人的・主観的には「自己の利益を計るが為めに」活動しているつもりだが、その活動は社会的・客観的には「世人の必要を充すが為め」の活動、「全力を尽して他を愛するの活動」となっており、しかもその「損得の分るる処」は「自己の力を以て如何ともすべからざる所」であり、「全く自然の成行に支配され」ているのだと説き、次のように語っている。

「この一例を虚心平気に、事実そのものを観察するならば、すべての経済的活動は皆な無我愛の活動たるを知らん。然り行為者その人の心は我利我慾を追求しつつあるが如くに思はん、しかも之れ迷なり、迷は事実にあらず、事実は飽くまで無我愛の活動なり。」(「人生の帰趣」)

こうした言葉の中に、われわれは、その形而上学的・唯心論的外見にもかかわらず、河上における「無我愛」の思想が、あたかもアダム・スミスにおける「自然法」の思想にも似た役割を果しいること、すなわちすべての「経済的活動」を「無我愛の活動」だとみることによって、市民的人間の営利的活動を是認しうる経済倫理的見地を獲得しえていることを、読みとりうるであろう。次に(ii)についてみよう。

「人類の活動も畢竟するに物理化学的の現象に過ぎざる也。仮りに人間を譬ふれば、蒸気機械の如きものにして、其の食物は石炭の如きものか。食物は胃腸に入り、空気は肺臓に入り、かくて熱を起し、熱変じて運動となる。人間といへる蒸気機械の運動は、所謂人類の活動にして、経済的活動は其一種也。故に経済学なるものは、畢竟するに人間といへる最も複雑なる蒸気機械の或る種類のものに就いて研究する物理化学に外ならざる也。盗賊の財を奪ふも、仁者の財を恵むも、皆これ物理化学的現象にして、しかるべき原因より生ずる必然の結果也。しかるに学者之を知らずして真理に合せざるの現象となし、以て憎悪し怨恨す。」(『人生の帰趨』)

これはまた思い切った機械論的唯物論的な人間把握であり、その立場よりする「経済学」=「自然科学」論である。われわれは、河上における「無我愛」の思想が、その唯心論的外見にもかかわらず、内容的には、あたかもフランス啓蒙学派における「人間機械論」にも似た思想を含みえていること、すなわち「経済的活動」を含むすべての人間的活動を、機械論的な因果関係にもとづく一種の「物理化学的現象」だとみることによって、経済学を機械論的・自然科学的に把握する見地にみちびかれていることを、見出しうるであろう。

では、以上のような一見矛盾的な事態は、いかなる事実に由来するものであろうか。それはまず、河上における「絶対的無我」の自覚なるものが、その本質において、(i)河上を従来の主観的・個人的倫理の立場から客観的・社会的倫理の立場に移行させ、その立場から経済と道徳の問題を再把握させる端緒を開いていることに由来している。そしてまた、こうした立場への移行にもかかわらず、その自覚なるものが、伊藤的「無我愛」への錯覚につきまとわれていたことから、(ii)人間的活動の科学的把握における河上の見解を、歴史的・自然的・機械論的なものに止めていること、に由来しているのである。このようにみてくると、「無我愛」以後の河上の「経済学研究」への再出発が、まず「資本主義経済学」への方向においてなされた理由も、あながち理解されなくはないであろう。

　われわれは先に『社会主義評論』において、河上が「社会主義社会」を「理想社会」として把握し、それにきわめて情熱的な讃辞を呈しているのをみてきた。そこでは「社会主義社会」なるものは、実に「非利己的人間の共同社会」＝「理想社会」として想定されていたのである。こうした事実からみると、「無我愛」以後の河上の「経済学研究」はまず「社会主義経済学」の方向に進むべきではなかったのか、あの時の河上の情熱はどうなってしまったのか、という疑問が当然でてくる。しかし、この点については、あの時の河上の情熱は、決して「科学的社会主義者」としてのそれではなく、むしろ「空想的社会主義者」としてのそれであったことが、再確認さるべきであろう。そして、「社会主義」を「科学」として把握していない点では、今ここに再び「経済学研究」に回帰しようとしている河上も、あの時の河上と少しも変化してはいないのである。

　変化している点は、ただ河上があの時のように、「現実」とかけはなれた「理想」をひたすらに讃美し、追求しようとせず、むしろ「現実」即「理想」と説く伊藤的「無我愛」への錯覚から、

「現実」そのものにおいて「理想」の実現をみようとしている点である。このことは、河上に「理想社会」の空想的讃美よりも、「現実社会」の科学的認識が大切なことを意識させ、その「経済学研究」への復帰を促した。しかし、その拠って立つ立場は、「現実社会」の歴史的構造の中に「理想社会」への移行契機をみようとする「弁証法的唯物論」ではなく、「現実社会」の機械論的構造の中に「理想社会」の具現をみようとする「形而上学的唯心論」なのである。彼の「経済学」への回帰が、「社会主義経済学」への方向をとらず、さしあたり「資本主義経済学」へのコースをたどったことは、むしろ当然というべきであろう。

さて、「無我苑」を去った河上は、とりあえず『読売新聞』の記者として再出発し、主として経済欄を担当した。しかし、まもなく『読売』を退社し、『日本経済新誌』を創刊、その主筆として活動をはじめることになる。明治四〇年（一九〇七）四月のことである。

第四章 経済学研究

一 初期の著作とナショナリズム

「人に道を説くためには、まづ自分が道を説くに値する人間とならねばならない。俺はこれから天下の公器である自分の身体や知能を、真に公器たるに値するやうに大切に育てあげよう、大いに学問にもはげまう。」そう思って河上は「無我苑」を去り、「経済学研究」に戻ってきた。その「経済学」が、未だ「社会主義経済学」ではなく、「資本主義経済学」であったことは、前述の通りである。ところで、「資本主義経済学」にもいろいろある。河上がこれまで研究し、さしあたりその研究に戻っていった「資本主義経済学」はいかなる立場のものであったか。そして河上はその研究を通して、いわゆる「天下」をいかなるものとして把握していたのか。このことを考察するためには、まず「無我苑」に入る前の河上が、いかなる立場から、いかなる経済学を研究していたかについて、簡単にみておく必要があるだろう。

「無我愛」以前の河上の経済学研究は、いかなる立場からなされていたか。それは前章でみてきたように、主観的・個人的には、もっぱら「一身の名利を追求する」立身出世主義の立場、すなわち利己主義の立場からであった。しかし、この利己主義的な研究は、それなりに彼生来の「奮闘努力主義」に、そしてまた「愛国の至情」にさえも、結びついていたのである。このことは、いいかえるならば、彼の経済学研究が、客観的・社会的には、当時の時代思潮であるナショナリズムの立場、すなわち、自由主義・社会主義と鼎立的・対立的に台頭しつつあった愛国主義・国民主義の立場に基底していたことである。こうした時代思潮は、日本の経済学界にも影響して、従来その主流をなしてきたイギリス的な自由放任主義の経済学に対して、新たにドイツ的な国家保護主義の経済学を台頭させつつあった。河上の経済学研究は、こうした状況の下に、ドイツ歴史学派流の「国民経済学」、すなわち国家資本主義的な「社会政策学」の線に沿って、出発していたのである。そのことは、彼の「無我愛」以前の諸著作のなかに、明瞭に示されている。

前章でも若干ふれておいたように、当時の河上の勉強ぶりは、まさに「刻苦精励」の言葉に値するものであった。その第一の所産としては、『経済学上之根本観念』(明治三八・一)があげられる。大学卒業後、なお三年にみたない時の成果である。これは自費出版の小冊子であったが、その中にはすでに「経済学」とは「国民経済学」であり「国民経済学」とは「国民経済政策学」であるといった見解が示されており、明らかにドイツ歴史学派の影響が看取される。次にセリグマンの歴史の

『経済的説明』(E. R. A. Selligmann, The Economic Interpretation of History, 1902) の訳書を、『新史観』(明治三八・六) と題して出版している。* その内容は、マルクスの唯物史観を一種の経済史観として理解しようとするものであった。河上がいちはやくこの書物に目をつけたことは、社会主義に対する彼の関心の芽生えを物語っている。さらに『根本観念』の思想の発展として、『経済学原論(上巻)』(明治三八・九) が刊行されている。これは上巻だけで菊判三〇〇頁近くもあり、かなりの大冊である。当時「博士の学位だけは之を得おくべし」と考えていた河上は、おそらくこの書物の完成によって、それを獲得しようと思っていたのであろう。

＊ この訳書『新史観』は、日本における唯物史観紹介のはしりとして、当時かなりの影響を与えた。明治三七年(一九〇四)に『ヘーゲルの法律哲学の基礎』という卒業論文を書いた新進法学士吉野作造は、直ちに『国家学会雑誌』に鄭重な紹介の筆をとったが「弁証法」という術語の誤訳(河上は「推理法」または「論理法」などと訳している)については、私信で注意するに止めた。「私は当時それをゆかしきものに感じた」と、後に河上は語っている(『自叙伝』一)。また大内兵衛氏は、氏がまだ五高の学生であった明治四二年(一九〇九)にこの訳書を読み、「何となく経済学をやれば歴史が解るやうな気がし」て、経済学志望を決定した、と述べている(『私の履歴書』)。

ところで、当時の諸著作の中で、河上の経済学研究の基底するナショナリズムの立場を最もよく示しているのは、『日本尊農論』(明治三八・一一) である。ここに示されている農業政策への関心は、むろん彼が当時農科大学の講師をしていたことに関係しているであろうが、その基底はむしろ少年期以来培われてきた素朴な愛国心に、すなわち防長の士風によって植えつけられてきた「志士的ナショナリズム」にあった。そこには、かつて『日本工業論』を論じた少年河上の「経世の志」が、形を変えて再現されている。かつて「工業振興論」を唱えた河上は、ここでは転じて「農業振興論」を説く。方向は変化しているが、その基底に「富国強兵論」的ナショナリズムがあることは同じである。『尊農論』の自序において、河上はまず「国家の興亡」と「健全なる国民経済の発達」との「離るべからざる関係」から説き起し、日露戦争の勝利に感激しつつ、その「戦勝の余過」をおそれ、そうした憂国の念から、この書物の筆をとったことを述べている。河上が憂慮したのは、次のような事態であった。

「蓋し国威の発揚は商業の隆盛を来し、商業の隆盛は農業の頽廃を招き、而して農業の頽廃は遂に国家の転覆の原由たるに至るは、古今実に其の軌を一にする所なればなり」(『日本尊農論』自序)

「健全なる国民経済の発達」のためには、「農工商の三者をして能く其の鼎立の勢を保たしむる」ことが必要だと考えていた河上にとって、戦勝に酔う商工偏重政策は、「国の大本」を危くするものだと思われたのである。河上は、こうした「富国強兵論」的ナショナリズムをふまえて、「農は本なり、商は末なり」とする「農本主義」的な『尊農論』を展開している。*

＊　河上の農本主義的な思想の由来については、本文中にこうした主張に連関して、佐藤信淵の『農業本論』からの長文の引用がなされていることから、その影響を推察しうる。数年後、河上は「佐藤信淵を憶ふ」(『日本経済新誌』第四巻第一号、明治四一・一〇)という一文を草し、彼の「時流を抜くの卓見」を賞揚し、その『宇内混同秘策』を「今の所謂帝国主義の謂なり」とし、その『垂統秘録』を「今の所謂社会政策の必要を説きしもの」としている。また『日本農政学』(明治三九・二)なる彼の大著は、この『尊農論』の思想の発展である。

この『尊農論』の中には、「国民の大多数を占めつつある労働者が貧困の為めに叫喚しつつある声」に耳を傾けず、「只だ海外の輸出にのみ熱中」する商工ブルジョアジーに対する反感を吐露している言葉もあり、そこには貧困問題に対する人道主義・社会主義的な関心の萌芽を見出すこともできる。しかし、彼が本音で商工偏重政策を非なりと主張しているのは、決して階級的な見地からでなく、もっぱら国家的な見地からである。帝国主義時代の国家のとるべき政策として非なりと主張しているのである。彼によれば、農業は「戦勝の要素」であり、農民は「強兵の源泉」であるが故に、それらは尊重さるべきなのである。当時の彼は、多分に軍国主義的なナショナリストだったといえよう。次の言葉は、そうした立場を明らかに示している。

「国際間の紛争は一に其の裁決を腕力の勝敗に仰ぐ、されば宇内に国して乾坤鞭撻するに志あるの国民は宜しく其の蛮力の保存を忘るること勿れ。」（一四八頁）「既に蛮力保存の必要あり、玆に於てか農業保存の必要あり。」（一四九頁）

「無我愛」以前の河上の経済学研究は、こうしたナショナリズムの立場に基底し、ドイツ歴史学派流の「社会政策学」の線に沿って、出発していたのである。このようにみてくると、「無我愛」以後、河上がその「天下の公器」としての活動をはじめるに当り、まず『日本経済新誌』の創刊による「保護貿易論」の提唱から再出発したことは、決して唐突な出来事とはいえない。しかし、それは果して「無我愛」以前とまったく同じ立場からの再出発でありえただろうか。

二　『日本経済新誌』

『日本経済新誌』の創刊は、明治四〇年四月のことである。「無我苑」以来しばらく『読売』の記者をしていた河上は、そこを退社して、この新雑誌の主筆となった。この雑誌は、当時田口鼎軒の『東京経済雑誌』が「自由貿易論」を唱えていたのに対し、「保護貿易論」の論陣を張ろうとするものであった。言いかえれば、田口の立場がイギリス正統学派流の自由主義経済学であったのに対し、河上はドイツ歴史学派流の国家主義経済学の立場から、これを批判しようとしたのである。* こうした活動が、「無我愛」以前からの経済学研究をふまえつつ、「天下の公器」としての活動を開始しようとする、当時の河上の志向に由来するものであったことは、言うまでもないであろう。

* この雑誌の第一巻第一号（明治四〇・四・三）に掲げられた「発行の趣旨」では、次のように述べられている。「各国の論壇を見るに事一たび経済問題に関するや、動もすれば異論雑出して帰一する所なく、甚しきは即ち猶ほ夫の極端なる個人主義放任主義を奉じ拱手無為の政治を理想とし、自由放任を以て惟れ足れりとし、或は一部階級の利害に偏して敢て吾が国民経済の政策を左右せんと擬す、是れ吾が今日の進運と相容るるものにあらず、是を以て吾人敢て自らはじらず玆に日本経済新誌を発行し、国家を本位に置き以て一切の時事問題を解決し聊か世論に稗益する所あらんと欲す。」（傍点筆者）その国家資本主義的な性格は明瞭である。なお河上は、後に田口の自由主義経済政策の理論が、イギリス経済学の直訳で、日本自体における「その成立の社会的根拠」の薄弱な点を指摘し、むしろ河上のこの雑誌の方が、「より多く当時の日本ブルジョアジーの利益を代表していたのではないか」と書いている（『田口鼎軒全集』第三巻・解説、昭和三）。

この雑誌における河上の立場は、「無我愛」以前のナショナリズム的な色彩の濃い「社会政策学」の立場に接続している。しかし、この点に関しては、若干の疑問が起らざるをえない。なぜなら、河上は、そのいわゆる「絶対的無我」の自覚を通して、たしかに主観的・社会的倫理の立場に移行し、その立場から経済と道徳の問題を再把握する視点を獲得しているのだが、前述のように「人生の帰趨」（明治三九）の時代、すなわち、伊藤的「無我愛」への錯覚時代には、利己的・経済活動＝非利己的・無我愛活動とみなし、そうした見地からむしろ自由放任主義的な「正統派経済学」の立場に接近しているからである。ここから、こうした過程にもかかわらず、「無我愛」以後の河上は、なぜ自由放任主義的な「正統派経済学」の立場に批判的となり、あらためて国家管理主義的な「社会政策学」の立場に戻っていったのであろうか、という疑問が起ってくる。

しかし、こうした疑問は、次のような関係に注目することから解決できよう。それは、河上がアダム・スミス的な自由放任主義の経済学に批判的となる過程は、彼が伊藤証信的な「自己の運命を全く他の愛に任せ」る放任主義の宗教に批判的となる過程に対応している、という関係である。客観的・社会的倫理の立場に移行してきた河上は、これまで主観的・個人的な立場から利己的とみなしてきた諸活動が、客観的・社会的には必ずしも利己的とはいえないことを覚った。しかし、他方では、一切の活動をすべて利他的活動とみなす放任主義にも同調しえなかった。それは「全力を献げて他を愛し」ようとする河上的「無我愛」の立場からは、きわめて非倫理的な立場と感じられたからである。かくして河上は、従来の河上の主観的・個人的な利他主義の立場を越えるとともに、伊藤的な利己主義＝利他主義の立場をも脱し、あらためて客観的・社会的な利他主義の立場に立とうとした。しかも河上は、その場合に、その客観的・社会的な利他主義の立場を、自由主義や社会主義の立場にではなく、愛国主義・国民主義の立場に重ね合せようとしたのである。ここから、以前のナショナリズム的色彩の濃い「社会政策学」への再結合が生じてくる。しかし、それは以前の立場へのたんなる復帰ではなく、新たな倫理主義、すなわち客観的・社会的な「利他主義」の立場からの再結合なのである。

こうした意味での「利他的人間」の実現こそ河上のいう「天下の公器たるに値する人間」の実現であり、また人間の履み行うべき「道」の実践にほかならない。しかし、この時の河上は、その「道」としての「利他主義」を、儒教的・唯心論的な色彩の濃い「人道主義」として把握している。しかもその「人道主義」は、市民的でも階級的でもなく、志士的・国民的な「人道主義」、いわば「愛国的人道主義」だったのである。まさにこの点に、「無我愛」以後の河上の経済学研究が、「人道主義」の哲学に基底しながら、やはり「社会政策学」の方向に展開されてくる理由が見出される。『日本経済新誌』における彼の諸論文は、そうした研究活動の成果である。ことに、「経済と道徳」(『新誌』第一巻、第二—第三号、明治四〇・四・五)と題する論文は、以上述べたような点について、有力な考察の手がかりを与える。

河上はこの論文において、当時の日本国民に課せられている二大問題として、㈠経済と道徳との衝突、㈡商工業と農業との衝突を挙げている。㈡は『日本尊農論』以来のテーマであるから、あらためて説明するまでもないであろう。㈠は、言うまでもなく、先に河上をして「経済学」の研究を捨てて「無我愛」の実践に赴かしめる契機となった問題である。つまり、利己的・経済活動を否定して非利己的・道徳活動をとるべきか、それともその逆か、という二者択一の問題である。われわれは、ここで河上が、以前のようにこれを彼個人の問題としてだけでなく、彼自身を含んだ日本国民全体に解決を迫ってくる問題として把握しなおしている点に注目すべきであろう。ここには、明らかに主観的個人の立場から客観的社会の立場への移行が看取される。

では、「経済と道徳との衝突」は、いかなる意味で歴史的・社会的な問題といえるのか。河上によれば、こうした「衝突」、つまり「利をとるべきか、義をとるべきか」という矛盾は、古くからある。しかしそれがとくに現代人にとって避け難い矛盾として迫ってくるわけは、現代社会に起った「経済組織の変遷」にある。つまり、資本主義経済が発展すると、「個人経済の自足的性質が破壊されて営利的となるの結果、凡ての個人は営利を離れて全く生存し能はざるに至る。」ところが、古今東西の道徳説は、いずれも個人に対して、営利を離れた無私無欲の人間であることを要求する。したがって、こうした「衝突」は、とくに現代人にとって避け難い問題となるわけである。

それでは、この「衝突」は、いかなる解決にもたらさるべき問題と考えられているのか。河上によれば、それは二者択一によってではなく、両者の調和・統一をはかることによって解決さるべき問題である。しかも、そうした調和・統一は究極的には、「社会の経済的組織の改造」によってではなく、「個人の道徳的人格の修養」によって達成さるべきものと考えられている。ここには、当時の河上の基底する「利他主義」の立場なるものが、客観的・社会的な見地に移行したとはいえ、なおきわめて儒教的・唯心論的な色彩の濃い「人道主義」の立場であったことが、明らかに看取される。河上は次のように語っている。

「道学説く所の無私無欲の論は、敢て経済学者の所謂欲望を否認せんとするに非らず、只だ其の欲望をして之を正しうせしめんとするに過ぎざる也。乃ち無欲の説は畢竟正欲の説たる而已。正しければ則ち天理に合し、正しからざれば則ち私欲に堕す。……孔子いふ、われ七十にして心の欲する所に従つて矩を超えずと。孔子七十に至るも固より心に欲する所あり、只其の欲望矩を超えざるに於いて、其の道徳的修養は完成したりと謂ふべき也。

吾輩は一個の経済書生として益々欲望の増進を歓迎す。然れども之と同時に、吾輩は一の私欲より超脱するを以て人生の本務と観ず。人間欲なかるべからず、又無欲ならざるべからず、此の矛盾せる一句の中に自ら経済と道徳との調和あらん、吾輩は只だ此の如く観ずる者也。」(「経済と道徳」——傍点筆者)

『日本経済新誌』時代の河上は、こうした「人道主義」の立場に立って、一方には資本主義経済組織を是認しつつ「経済と道徳との調和」をはかり、他方には国家主義経済政策を肯定しつつ「尊農論」や「保護貿易論」を唱えていたのである。しかし、自由主義経済学の主張を批判するためには、まずそれについての充分な学問的理解が必要である。河上は、ジャーナリストとして活動しながら、そのことの必要を痛感し、できればもう一度「専心学問の研究に従事したい」という「熱望」を抱くに至った。そうした河上にとって、思いがけず持ちこまれてきた京大講師のポストは、まったく「渡りに舟」であった。かくて河上は、一年四ヵ月ばかりでこの『新誌』を離れ、京大法科に赴任することになった。

三　京都帝大赴任

明治四一年（一九〇八）八月、河上は京大法科講師に就任した。九月には、一家をあげて京都に移住した（この時、河上はちょうど三〇歳、長男政男は六歳、長女静子は二歳になっていた）。三年前の冬、経済学を捨て、一切の教職を辞して「無我苑」に投じた河上にとって、もう一度アカデミーの世界に戻ることがあろうとは、全く思いがけぬことであった。「私は京都大学に拾はれた。」（『自叙伝』五）河上は当時の心境を、そのような言葉で表現している。では、なぜ京大はとくに彼を招いたのだろうか。その事情については、彼は「それまで会つたこともなかつた戸田海市博士の推輓により」（同前）と記しているだけで、詳細は不明である。しかし、学問に専心できる環境を切望していた当時の河上にとって、この招聘が「望外の仕合せ」と感じられたことは確かである。* 彼は喜び勇んで京大に赴任してきた。

＊　この時、当時の京大総長岡田良平は「何時教授にするかは約束できない。」と諭したが、河上は「一生講師でも差支ありません」と答えた。河上にとっては、教授になれるかどうかが問題ではなく、学問に専心できるかどうかが問題だったのである（「大学を辞するに臨みて」）。

ところで、この思いがけぬ京大赴任には、もう一つ思いがけぬ出来事が重なっていた。それは櫛田民蔵との出会いであった。櫛田は、この年の四月に東京外語のドイツ語科を卒業し、さらに経済学を学ぶべく京大法科の編入試験を受け、試験に合格して河上の赴任と同時に京都にやってきていた。そして、教師河上がその初講義をすませた日に、学生櫛田は彼をその自宅に初訪問してきたわけである。＊それは、今からふりかえってみると、日本のマルクス主義経済学史の黎明を飾るべき運命を担った、二の巨星の邂逅にほかならなかったのである。

＊　その当時のことを、河上は次のように記している。「第一日の講義が済むと間もなく櫛田君は洛東真如堂前の私の寓居を訪れられた。河津暹氏の紹介状を持参されたと記憶する。……私は斯様にして初めて同君と個人的に面会した。この時私は三十歳で、櫛田君は六つ年下の二十四歳であつた。それ以後櫛田君はよく私の宅へ遊びに来られて、学問上の話に時の移るのも忘れるといふ調子であつた。朝から来られて、午餐を共にし、やがて晩餐をも共にし夜更けて帰路につかれるやうなことも、決して稀ではなかつた。」（「櫛田民蔵君に送れる書簡についての思ひ出」、大内編『河上肇より櫛田民蔵への手紙』）

この櫛田との出会いは、以後の河上の思想的発展にとって、きわめて重大な出来事であった。なぜなら、それから十数年の後、河上はまさにこの櫛田からの批判を契機として、従来の唯心論的な「人道主義」の立場から唯物論的な「社会主義」の立場へ踏み切っていくことになるからである。しかしわれわれは、そうした経緯について考察する前に、まずその地点に至るまでの、河上の勉強ぶりをみておく必要があるだろう。京大赴任に際して、河上は「一生講師でも差支ない」と考えていたにもかかわらず、以後は順調に講師から助教授へ（明治四一年九月）、助教授からヨーロッパ留学・学位獲得を経て教授へ（大正四年三月）、といったコースをたどっていった。

その間における彼の勉強ぶりは、かつての「無我愛」以前における「刻苦精励」ぶりを再現した観があった。

まず彼が留学前に刊行した著作を列挙してみると、『人類原始の生活』（明治四二・五）、『経済学の根本概念』（明治四三・一〇）、『時勢之変』（明治四四・三）、『経済と人生』（明治四四・一二）、『経済原論』（大正二・一一）、『金ト信用ト物価』（大正二・一一）などがある。なおそのほかに、多くの翻訳書がある。*

* 翻訳書としては『価値論』（明治四四年六月、N. G. Pierson, Principles of Economics, transl. by A. Wotzel, 1902. の訳）、『物財の価値』（明治四四年八月、F. A. Fetter, The Principles of Economics, with Application to Practical Problems, 1904. の抄訳）、『資本及利子歩合』（明治四五年一月、I. Fisher, The Nature of Capital and Income, 1905; The Rate of Interest, 1907. の要約）、『唯心的個人主義』（大正二年一一月、W. Fite, Individualism, four lectures on significance of consciousness for social

relations, 1911. の抄訳）などがある。また『経済研究』には、コンラードの『社会主義の利子説とボエーム・バウェルクの価値時差説』(O. Conrad, Böhm-Bawerks Kritik der sozialistischen Zinstheorie, 1911)、ウォルトマンの『エンゲルスと唯物史観』(L. Woltmann, Der historische Materialismus, 1900. の一部）の翻訳が掲載されている。『経済原論』は、タウシッグ(F. W. Taussig) およびフィッシャー(I. Fisher) の原論を典拠としたものであり、『金ト信用ト物価』は同じくフィッシャーの貨幣数量説を批評したものである。ここに列挙した書目からみても、当時の彼の研究が、一面に社会主義や唯物史観への関心をも含みながら、主として流行のアメリカ経済学を手がかりに、資本主義経済学の価格論に向けられていたことを、うかがうことができよう。

この時期における河上の代表作である『貧乏物語』（大正五年九月より『大阪朝日新聞』に連載）は、こうした諸研究を基盤として成立したものである。次にわれわれは、河上の基底する儒教的・唯心論的な「人道主義」の立場が、こうした経済学的諸研究を通して、『貧乏物語』を生み出してくる過程を考察してみよう。

四　唯物論と唯心論

明治末期から大正初期にかけての河上の思想を知るためには、まず明治四四年に刊行された『時勢之変』と『経済と人生』の二著が、よい手がかりとなる。『時勢之変』は、旧著『社会主義評論』

の絶版を決意した河上が、その代わりに短時日の中に書きあげた書物であるが、この書物でとくに注目される点は、彼がそこでとくに「貧乏」という問題に着目し、この問題を彼の思想的関心の中心に据えはじめている点である。この点において、本書は、後の『貧乏物語』の先駆をなすものということができる。

河上は、本書において、現代社会が「未曾有之進歩」の時代であると同時に、「未曾有之懸隔」の時代でもあるという。「進歩」とは近代機械文明・資本主義経済組織の発達をさし、「懸隔」とはこれに伴って生じた労働者と資本家との間の「貧富の懸隔」をさしている。そして「階級争闘」とは、こうした「懸隔」に由来する労働者と資本家との対立・争闘であって、この「階級争闘」を「煽動」するものが社会主義であり、これを「調和」するものが社会政策であると語っている。河上自身の立場は、いうまでもなく後者である。彼は、『日本経済新誌』以来の愛国的・人道主義的な「社会政策学」の立場から、日本がこうした「進歩」に追いつくと同時に、これに伴う「懸隔」の調和をはかることの必要を力説している。

「機械の発達を怠るの国家は、外より亡ぼされん、懸隔の調和を忘るの国家は内より破れん。語を寄す、吾国朝野の識者、彼の陥虎の危所に盲なること勿れ」(『時勢之変』一七四頁)

これが、本書における彼の結論であった。そして、当時の彼においては、このように富裕な資本家と貧困な労働者との「調和」をはかる「社会政策」的な立場は、同時にその基底する日本の国家主義的文明と西洋の個人主義的文明との「調和」をはかろうとする「採長補短」的な立場と重なり合っていたのである。そのことは、同年に刊行された『経済と人生』の中の「日本独特の国家主義」と題する論文において、最も明白に示されている。

河上は、この論文において、日本の思想界が、明治四〇年代に至って、従来の盲目的な西洋文明の輸入期を脱し、自覚的な東西文明の調和・統一をはかるべき転機に達したという。彼によれば、日本文化の核心はその独特な国家主義にあり、西洋文化の核心はその個人主義にある。すなわち、「日本の国家主義」においては、国家が目的であって、個人はその手段であるにすぎない。したがって「縦ひ凡ての個人を犠牲とするも国家を活かす」と言うことが、「国家主義の必然の論理的断案」となり、「現代日本人の倫理観」はためらうことなくこの断案を是認する。ところが、これに反して、「西洋個人主義」においては、個人が目的であって、国家はその手段であるにすぎないのである。したがって、もし「国家を滅すことが凡ての個人の生存を完うする為め必要なる場合」には、「国家組織の打破」ということが、「個人主義の必然的な論理的断案」となり、「現在西洋人の倫理観」はためらうことなくこの断案を是認する。いわゆる東西両文明の相違は、こうした「倫理観」の相違に基底している、というのが河上の説である。

こうした見地に立って、彼は日本人には西洋流の「天賦人権」の思想や「人格」の観念が受け入れにくく、したがってまた日本では西洋のような意味での社会主義・社会政策・立憲政治・政党政治の行われえないことを指摘している。*

* 例えば「工場法」が制定されても、それは労働者の人権を尊重したり、その階級的利益を増進する目的のためにではなく、あくまで「国家産業の健全なる発達」という目的のために制定されるのであること、また資本家の営利的経済活動も、それを正当化する個人主義的な権利道徳をもちえないため、もっぱら国家主義的な義務道徳、「滅私奉公」的な観念によって基礎づけられざるをえないことなど。しかもこうした「日本独特の国家主義」なるものが、日本の伝統的な思想であるよりは、むしろその近代化の過程において、明治国家の国民教育により、「武士道」などを素材に、「製造」された思想であるとみている点は、鋭い洞察というべきであろう。

彼は、この論文において、彼自身が従来そこに基底してきた日本独特のナショナリズムの立場が、西洋流の自由主義・民主主義・社会主義などの諸思想がそこに基底しているようなヒューマニズムの立場とは、全く異質的なものであることの認識に達している。しかし、にもかかわらず彼は、そこから日本流の国家至上主義の否定を導こうとはせず、かえってそこに西洋流の個人主義的な「人道主義」とは異なった、国家主義的な「人道主義」、すなわち「滅私奉公」的な「利他主義」が成立しうるかのごとく錯覚し、その立場から「日本的愛国道徳」と「西洋的商業道徳」の「調和」をはかることの必要を力説している。なぜなら国家主義の「利」は「高度の愛国道徳」と「強き国家」を育成するにあるが、その「弊」は「劣度の商業道徳」と「弱き個人」を結果するにあると考えられたからである。

「日本国は如何にも強けれど、日本人は慥に弱し。西洋の個人主義を甘く同化して、（必ずしも之を敵視するの要なからん）日本人をして鬼に金棒たらしめんとするの念願切なり。」（『経済と人生』三二六頁）

これが、この論文の結論であった。当時の彼の儒教的・唯心論的な「人道主義」は、こうした「愛国的調和主義」の経済論・文明論に接続していたのである。しかもわれわれは、さらに当時の彼が、こうした「愛国的調和主義」の見地から、東洋的・哲学的な「唯心論」と、西洋的・科学的な「唯物論」との独特な「調和」をもはかっていることを、見落してはならないであろう。

先に述べた『時勢之変』を注意深く読んでみると、われわれは、そこで河上が現代社会における「思想の変」の由来を「経済の変」にもとづくものとして説明しており、そのかぎりいちじるしく唯物史観的な見方に接近していることに気がつく。そのことは、彼自身も率直に承認している。彼は、本書において、いわゆる「唯物史観の公式」（マルクス『経済学批判』序文）の一部を訳出・紹介した後、

「即ち、マルクスの意は、凡て社会人事の変遷の根本原因は、経済上に於ける生産方法の変化に在りと云ふにて、所謂唯物史観、詳しく言へば経済的唯物史観と云ふもの即ち是れ也。思ふに鋭敏なる読者は、現に此の『時勢之変』の著者それ自身が既に此の如きの史観に傾けるに心付かれたるなるべし。」(『時勢之変』一四八頁)

と語っている。にもかかわらず、基本的には、彼は依然として唯心論者なのである。では、当時の河上において、歴史的社会の「唯物論」的観察とその基底する「唯心論」的世界観とは、いかなる関係において把握されていたのか。そのことを知るためには、当時の『国民経済学雑誌』(明治四五年七月号、および大正元年八月号)に掲載された、「唯物観より唯心観へ」と題する論文が、最もよい手がかりとなる。*

＊ この論文は、『時勢之変』に対する関一氏の批評に答えて書かれたもので、後に「唯物史観の立脚点」と改題して、『経済学研究』に収録されている。

この論文において、河上は、彼自身を科学的唯物論者にして、同時に哲学的唯心論者であると規定している。彼によれば、人間の行為を観察する仕方には二種類あって、一つはそれを外側から物質的・因果的・必然的・法則的に観る仕方であり、もう一つはそれを「行為自身の中心に立つて」内側から意識的・自発的・合目的的・表現的に観る仕方である。前者は科学的観察であり、後者は哲学的観察である。そして彼は、

「一言にして云へば唯物史観は人類社会の現象を科学的に観察するもの也。科学的と云ふては猶ほ足らざらん、実に之を自然科学的に観察するもの也」（『経済学研究』四二七頁）

という。そして「余は歴史の科学的研究者として明白に唯物史観を標榜す」るが、「彼の科学的智識を以て実在に関する絶対最高の知識なりと信仰せる哲学上の唯物論者」については、「余は此の仲間に属せず」というのである。なぜなら、彼は、

「吾人が実在を絶対を知るは科学以外の学に於いて始めて可能なり。而して一切の目的・一切の理想は、この科学以外に超然たる真個の心学（世の所謂心理学にあらず、仏法に心印を伝ふと云ひ、以心伝心と云ふ類の真の心の学なり）より迸り出づ。」（同前、四七三頁）

と考えるからである。そして「Marx order Kant にあらず、Sowohl Marx als Kant ならざる可

からず」と主張し、

「哲学上の唯物論者が、其の同じ立場に居て理想を立て居るならば、之は誠に矛盾に相違なけれども、余自身は唯心論的に自我を観じ、唯物論的に外物を観じつつある哲学者兼科学者のいと小さなる者なれば、法則を立して別に理想を立したればとて、余自身に於いては何の矛盾もあらずと信ず。」（同前、四七〇頁）

と結論している。この立場は、晩年のいわゆる「宗教的真理の存在を主張する唯物論者」（「大死一番」『自叙伝』五）の立場の先駆をなすものとして注目に値する。しかしここでは、当時の彼が、こうした新カント派的・折衷主義的な「調和」を考えていたことを、見ておくに止めよう。

五　大戦下のヨーロッパ留学

明治四五年（一九一二）七月三〇日、明治天皇は亡くなられ、大正の世となった。この七月に、河上家では次女芳子が生まれ、櫛田民蔵は京大を卒業して東京へ帰った。河上は櫛田のために、商大の福田徳三、東大の高野岩三郎に紹介状を書き、櫛田は高野の好意により、翌大正二年（一九一三）

四月に東大法科助手に採用された。この時、河上が櫛田に宛て出した手紙には、当時の彼の研究の方向がうかがわれて、興味深い。

「研究法に就いては一概に申され難く候ふべし、しかし道具なくして器用にのみ訴へ候研究法は前途凡て知るべきのみと存候、而して道具は小生の見る処によれば二あり、

一は　研究法そのものの研究

二は　材料の蒐集

前者は理論を主とし後者は帰納を主と致候前者は益々深く入りて遂には認識論の堂に入り、後者は愈々広く渉りて遂には経験的法則の発見に至り候事と存候。小生は後者を否認せざれども、而かも性癖としては前者を好愛致候、他日欧米に遊ぶを得ばカント、ヘーゲルの哲学は是非窺ひ置き度と存居次第に候。」（大正二・四・六付、櫛田宛書簡）

ここで河上は、「他日欧米に遊ぶを得ば」と書いているが、その機会は案外早く到来した。その年の秋、大正二年九月に、彼は満二ヵ年の予定でヨーロッパ留学を命ぜられ、一〇月二五日に神戸を出帆、翌大正三年（一九一四）一月にブラッセルに到着した。留学中の河上を知るための資料としては、当時彼が新聞・雑誌に書き送った見聞・感想をまとめて刊行した『祖国を顧みて』（大正

四年一二月）がある。

この書物でみると、河上は大正三年二月にはパリに行き、約七〇日間安ホテルに泊って、ほとんど毎日のように博物館廻りをしている。また同じくパリ滞在中の島崎藤村を、しばしば旅宿に訪ねている。* やがて六月にはベルリンに移り、三浦梅園の『価原』の独訳に取りかかっていたが、この月の末に第一次大戦の口火が切られ、八月二日には、思いがけなくドイツの首都ベルリンで、その対ロシア宣戦布告当日の光景を目撃することになった。** そのうちに日独開戦の危機が迫ってきて、八月一五日にはベルリンから「夜逃げ」し、一九日の夜にロンドンに着いた。

* 河上は、学生時代以来愛誦していた『若菜集』の著者と、この時はじめて異郷で逢ったわけである。同行の竹田省氏によれば、和服姿の藤村は、いつも持参の茶器で玉露を入れて二人をもてなしたという（「欧州留学時代の河上さん」）。

** その夜のことを、河上は次のように記している。「未だに忘られぬのは其の夜の光景である。地下鉄道に乗つてフリードリッヒ街に出て見ると、左右の人道は人に埋まつて居る。……絶えず行列が通る。是等の行列は先頭に独墺伊三国の国旗を立て、之に従ふ群集には約三分の一の婦人が見える。彼は声を合せてドイッチュランド・ユーバー・アルレスを高唱しながら、四辻に来ると、上下呼応して、旗を振り帽を振りつつ、ホッホ、ホッホを連呼するのである。……凡て狂喜の様である。私は曾て見た事もない。」（『祖国を顧みて』一七三頁）

ロンドンでは、「兵士募集」の広告が目につく位で、ベルリンのような熱狂ぶりは見られなかっ

た。河上は国民性の相違に思を至すとともに、そぞろ懐郷の念にかられ、

ロンドンの繁華の巷にたゝずみてふくろふの啼くふるさとを恋ふ

と詠んだ。パリでは、会話中にしばしばその愛国心を吐露して、藤村から「愛国者」とあだ名されていたが、ロンドンでは一夜、アルバート・ホールでたまたま渡英中の三浦環が、「さくらさくら、やよいのそらは」と歌う声を耳にして、「涙をこぼさんばかりに喜び」、またソリスベリーという小都市に行って、店頭に日章旗や日本製の玩具が飾ってあるのをみて、「悦しさに涙ぐんだり」した。こうした素朴な愛国的心情は、『祖国を顧みて』の一貫した基調となっている。

しかし河上のヨーロッパ留学は、その愛国的心情を刺戟して、従来からの持論である日本独特の精神文明を基本とした「採長補短」主義の思想をいよいよ強めたばかりでなく、次のような経験から、その「貧乏問題」に関する人道主義的関心をますます深めることにもなった。彼は約八〇日でロンドンを去り、ロッカレーという田舎村に行って、貧しい小作人の家に下宿したが、そこで彼は、書物を通してでなく、自らの眼で先進「文明国」における「貧富の懸隔」の実態を目撃し、「これでは階級的闘争も益々熾になる筈である」という実感をえている。*

＊　河上の記述によれば、この村の土地はすべて二三の地主に独占されており、彼らは広大な畑地や森林を

占領して「私有権の塀により、貧民の入り来るを拒絶して居る。」小作人は塵紙の代りに古新聞で用を足しているのに、地主たちは「只一地主の邸宅に自動車を駆る為」にのみ、「京都の三条の本通よりも更に広い私道」を「十数町に亘つて」設けている。日曜日に詣る寺院すら、「金持の行く寺院」と「貧民の行く寺院」は、「別々に建てられて」あった（『祖国を顧みて』三〇六―一〇頁）。

その間にも戦火はますます激しくなり、彼は予定を短縮して帰国の途につき、翌大正四年（一九一五）二月二六日に、なつかしい故国の土を踏んだ。そして、三月一六日には教授に任ぜられ、まず「経済学史」を担当することになった。結局、彼は一年ほど戦乱のヨーロッパをぶらついてきただけで、教授に任ぜられたことになる。

六 『貧乏物語』

「驚くべきは現時の文明国に於ける多数人の貧乏である。一昨々年（一九一三年）公にされたアダムス氏の『社会革命の理』を見ると、近々の中に社会には大革命が起つて、一九三〇年、即ち今歳《ことし》から算へて十四年目の一九三〇年を待たずして、現時の社会組織は根本的に顚覆して仕舞ふと云ふことが述べてあるが、……欧米の社会を観ると、……斯かる過激な議論が出るのも、必ずしも無理ではないと思はるゝ事情がある。……げに驚くべきは是等文明国に於ける多数人の貧乏

である。」（『貧乏物語』一の一）

こういう書き出しで、河上は『大阪朝日新聞』に『貧乏物語』を連載しはじめた。大正五年（一九一六）九月、第一次大戦の真最中のことであった。われわれは、この「文明国に於ける多数人の貧乏」という言葉の中に、彼の留学中の実感を読みとりうるであろう。彼は、その愛する日本国民に、「貧乏」の経済学を送ろうとしたのである。もともと「天下の公器」としてはたらくということは、「無我愛」以来の河上の念願であった。久しくアカデミーの世界に閉じこもって、経済学研究をやり直していた河上は、今ここにその研究成果をひっさげて、年来の素志を実現しようとしたわけである。

しかも、この彼が取り上げた「貧乏問題」は、日本国民にとって、当時ようやく切実な問題として意識されはじめていた。なぜなら、世界大戦の余波は、一方にいわゆる「戦争成金」の輩出をうながすとともに、他方には「インフレ」による膨大な貧民層の形成をもたらしつつあったからである。日本資本主義の躍進に伴うその矛盾の激化は、もはや誰の目にも蔽い難く露呈されはじめていた。河上が資本主義社会の基本問題としての「貧乏問題」を取り上げ、熱のこもった文章でその重要性を「天下」に訴え、その解決策を論じたのは、まさにこのような状況においてであった。数十万の読者が、この『物語』に耳を傾け、絶讃を送った。日本の知識層が、いわゆる「社会問題」に開眼したのは、この『物語』においてであったといってよい。* そして、この時以来、河上は再びジャーナリズムの世界に、しかも第一人者として登場してきたのである。

* 向坂逸郎氏は本書について語っている。「『貧乏物語』は吾々の高等学校の学生頃に大阪朝日新聞に出た。これをも私は熱心に読んだ。ここで初めて私は経済学なるものに対して関心をもたされた。カール・マルクスの名も初めて知つた。……ここに至つて私は当時の風潮であり、自分の初志であつた法律学の研究をやめて、大学では経済学をやることに決めた。」(『中央公論』昭和六・一二) こうした例は、ひとり向坂氏のみに止まらなかったと思われる。

この『貧乏物語』は、すでに「岩波文庫」にも収められているので、詳しい内容紹介の必要はないであろう。簡単に概要を述べると、本書は上・中・下三篇に分けられており、まず上篇「如何に多数の人が貧乏して居る乎」においては、貧乏の概念を㈠「経済上の不平等」(金持に対して云う貧乏)、㈡「経済上の依頼」(救恤を受ける意味の貧乏)、㈢「経済上の不足」(生活に必要な物資をもたぬ意味の貧乏)の三種に分け、本書の主題が㈢の意味の貧乏にあることを明らかにし、この種の貧乏人は「文明国」においても「多数」存在し、しかもそれは「働けど働けど楽にならざる」底の貧乏である事情を説明している。

次に中篇「何故に多数の人が貧乏して居る乎」においては、この種の貧乏が㈠現時の経済組織にして維持せらるる限り、㈡社会に甚しき貧富の懸隔の存する限り、㈢富者が其の余裕あるに任せて妄りに各種の奢侈贅沢品を購買し需要する限り、これを根絶し難い理由を指摘し、さらに下篇「如何にして貧乏を根治し得べき乎」においては、前述の三条件をふまえて、次の三方策をあげている。それは、㈠「世の富者が自ら進んで一切の奢侈贅沢を廃止すること」（人心の改造）、㈡「何等かの方法を以て貧富の懸隔の甚しきを匡正すること」（社会政策）㈢各種の生産事業を、私人の営利的経営から移して、軍備や教育のように、国家経営とすること（社会の改造）である。そして、河上は、㈡㈢の社会の匡正・改造よりも、㈠の人心の改造をもって、最も容易にして根本的な方策としている。

「思ふに若し英国の富豪乃至資本家にして、消費者として将た生産者としての真の責任を自覚するに至るならば、啻に国内に於ける社会問題を平和に解決し得るのみならず、又世界の平和をも維持し得るに至るで有らう。……『大学』にいふ、『身修まつて後家齊ひ、家齊ふて後国治まり、国治まつて後天下平かなり。天子より以て庶人に至るまで、一に是れ皆身を修むるを以て本と為す。其本乱れて末治まる者は否《あら》じ矣』と。嗚呼、『大学』の首章、誦し来らば語々尽く千金余、又何をか言はん。筆を停《とゞ》めて悠然たること良《やゝ》久し。」（『貧乏物語』一三の三）

こういう結語で、『貧乏物語』は終っている。ではなぜ彼はこういう結論を導き出したのか。それはこの『貧乏物語』を一貫する彼の儒教的・唯心論的な「人道主義」の精神による、というべき

であろう。彼は本書の序文で、

「人は麵麭《パン》のみにて生くものに非ず、されど麵麭《パン》なくして人は生くものに非ずといふが、此物語の全体を貫く著者の精神の一である。思ふに経済問題が真に人生問題の一部となり、又経済学が真に学ぶに足るの学問となるも、全く之が為で有らう。……余は此物語に於いて、正に孔子の立場を奉じて富を論じ貧を論ぜし積である。……ラスキンの有名なる句に There is no wealth, but life.（富何者ぞ只生活あるのみ）といふことがあるが、富なるものは人生の目的――道を聞くといふ人生唯一の目的、只その目的を達する為の手段としてのみ意義あるに過ぎない。而して余が人類社会より貧乏を退治せんことを希望するも、只その貧乏なるものが此の如く人の道を聞くの妨げと為るが為のみである。」（『貧乏物語』序）

と語っている。ここで彼は、はっきりと儒教的・唯心論的な「人道主義の倫理学」ないし「哲学」の立場に立ち、その立場からの「貧乏の経済学」を、スミス流の「自由主義の経済学」よりも、むしろラスキン流の「人道主義の経済学」に近いものとして、主張しているのである。河上の思想的発展の跡をたどってきたわれわれにとって、河上におけるこうした「人道主義の経済学」の確立が、彼の「無我愛」以来の思想的課題をなしていた「利己主義的経済と利他主義的倫理との衝突」に一つの調和的解決を与えたものであること、その意味で彼の京大赴任以来の経済学研究の一つのピークであったことは、明瞭であるといえよう。彼が本書を以て「今日迄の最上の著作」と考えたことも、無理はないのである。

河上は本書を以て、自らの課題としてきた「利他主義的倫理」に基底する新たな「経済学」の確立であると考えた。読者の方では本書を以て、労働者・サラリーマンの貧乏は彼ら自身に責任があるのではなく、もっぱら成金・資本家の奢侈に責任があることを糾弾して、その道徳的自覚を求める、新たな「ヒューマニズムの経済学」の出現として受け取った。かくて河上は、いわゆる「大正ヒューマニズム」の先端に立つ思想的リーダーの一人とみなされるに至った。しかし、問題は果して彼がここで真にその意図する「利他主義の経済学」を確立しえていたか否かにあるのであろう。

一言にしていえば、この『貧乏物語』は、たしかに「利他主義の経済学」ではあった。しかし、未だ真に「利他主義の経済学」ではなく、「利他主義の倫理学」というべき性質のものであった。河上の経済学研究は、その利他主義的基底を貫きつつ、しだいにその関心を「富国強兵論」から「貧乏論」に移してきた。そして、本書において、「大日本帝国」の「富強」と表裏一体をなす「国民大衆」の「貧乏」の問題を、時代の切実な課題として提起するに至った。しかし、同時にその利他主義は、孔孟的・ラスキン的な人道主義として、「貧乏問題」の真の解決点を、経済学よりはむしろ倫理学の領域に求めようとした。すなわち、河上は、本書において、いわゆる「富」よりも「道」が大切であるという見地から、直ちに「境遇は末で人が本である」という唯心論的な哲学を導き、そこから「社会の人々が其心掛を一変しうるならば、社会組織は全然今日のままにして置いても、問題は直ぐにも解決されて仕舞ふ」といった倫理主義的な心掛論を、「奢侈自制論」を打ち出してきたのである。かくして「貧乏問題」解決の契機は、貧者の経済的自覚にではなく、むしろ富者の倫理的自覚に求められることになる。

したがって、この『貧乏物語』における河上の「人道主義」の立場は、一方において従来の彼の基底する「資本主義経済学」から「社会主義経済学」への移行を導きながら、他方においてはその「社会主義」の把握に唯心論的・形而上学的な見地を混入させて、その唯物論的・科学的な把握を妨げるという二重の役割を果していたと言える。しかし、まもなく彼は、櫛田の批判を通してそのことに気づいてくる。したがって、この『貧乏物語』は、彼の経済学研究における一つの輝かしいピークであったにせよ、決してその終結点ではなく、むしろその転回点だったのである。

七　経済学研究の転回点

『貧乏物語』を書き終えた時、河上は、はっきりとその方向を意識していなかったにせよ、彼の経済学研究の転回点に立っていた。言うまでもなく、「資本主義経済学」から「社会主義経済学」への転回点である。そして、それは同時に唯心論的な「人道主義哲学」から唯物論的な「マルクス主義哲学」への転回点でもあった。ではそうした転回の契機となったものは何か。われわれはそれを、『貧乏物語』の立脚点の核心において、見出すことができる。

『貧乏物語』における河上の「奢侈自制論」の主張は、二つの足場をもっていた。倫理学的・哲学的な足場と経済学的な足場とである。前者は、言うまでもなく孔孟的・ラスキン的な「人道主義」であって、彼はそこから「富」の概念の経済学的・倫理学的な把握を導いた。そして経済的な「富」の所有者である「富者」に向って、「貧乏問題」を解決するために、たんに経済的・利己的な見地からその「富」を消費しないで、倫理的・利他的な見地からその消費を自制せよ、と説いたのである。しかし、彼がこうした「富」の「消費自制論」を主張して、その「分配匡正論」を主張しなかったことには、もう一つ経済学的な足場があった。それは、「貧乏問題」は「生産問題」であって「分配問題」ではないとみる「資本主義経済学」的な観点であった。この後者の観点への反省こそ、以後の河上の思想的転回の契機となったものにほかならない。

そのことは、河上が『貧乏物語』の前後に書いた小篇を集めて出した論文集『社会問題管見（初版）』（大正七年九月）において、明らかに看取することができる。この中に収録された「奢侈と貧困」（『経済論叢』大正五年四月）と題する短篇は、『貧乏物語』の原型となった論文であるが、そこでは「貧乏問題」は「分配問題」ではなく「生産問題」であることが力説されている。すなわち、多数者の必要物に向けられるべき生産力が、少数者の奢侈品の生産に浪費されているために、「生活必要物資の不足」としての「貧乏」が生ずる根本原因があるのだから、「奢侈自制」=「人心改造」こそ「貧乏」の根本的解決策だというのである。そして、もしこの「富者」の「奢侈自制」という根本策が実行されぬ時は、第二次策として「国権」による「生産管理」=「組織改造」を実行するほかないと述べている。

この論文に対しては、まもなく櫛田の批判があった（「河上教授の『奢侈と貧困』を読みて」、『国家学会雑誌』大正五・五、『全集』第一巻所収）。この批判は、もっぱら河上のこうした「資本主義経済学」的な観点に向けられたものであり、その要点は、「貧乏問題」は「生産問題」ではなく「分配問題」であるとの主張にあった。すなわち、「貧乏」の生ずる根本原因は、「富者」の「奢侈」にあるのではなく、資本家による労働者の搾取に、つまり「所得分配の不平等」にあるのだから、「分配匡正」=「組織改造」こそ「貧乏」の根本的解決策でなければならぬ、と言うのである。そして、河上のように「富者」に対してその「倫理的自覚」を説くことは、資本家にその利潤を放棄せよと奨めることで、全く実行不可能であり、むしろ「労働者」に対してその「経済的自覚」を求め、その自覚にもとづく「自助的組合運動」=「階級的組織改造運動」の進展をはかることこそ、実行可能な唯一の方策であろう、と主張したのである。

この櫛田の批判に対して、河上は直ちにその反論を試みてはいる（「櫛田法学士に答ふ」、『国家学会雑誌』大正五・六）。しかし、その反論を『管見（初版）』に再録するに際しては、「当時の答弁に誤謬ありし」ことを認め、「最後の一節」を「全く書き改め」て、

「学士の主張せらるるが如く、今日の富者に奢侈を廃せよと言ふは、或は不可能のことかも知れぬ。其点は争はない。又、奢侈が廃止さるれば、資本家の利潤が減ずるといふことも敢て争はない。富者を益々富ませながら、貧困問題を解決しようと云ふことは、恐らく不可能のことであらう。」（『管見（初版）』二二六―二七頁）

と述べている。こうした言葉は、『貧乏物語』以後、河上の思想が動揺・転回しつつある事実とその契機の所在とを、明らかに物語るものにほかならない。その動揺は、これに続く二論文、「未決監」（『大阪朝日』大正七・一）、「生産政策か分配政策か」（『経済論叢』大正七・五）において、色濃く示されている。彼は「未決監」の中で、従来の「社会政策」なるものが、名は「社会政策」であっても、実は「生産の増加」を目的とし「分配の匡正」を手段とする「生産政策」にほかならぬことを指摘し、むしろ「生産と分配とのいずれを主とすべきか」が「政策論の根本問題」であり、この問題に対して「現代の経済学者は皆未決監の中に在り」と述べ、その解決に「真乎決死の勇」を求

めている。

「余も亦未決監中の一人、獄裡に坐して玆に四十の春を迎ふ。歳旦乃ち拙詠あり、篇尾に録して此文を了る。——今もなほ惑ひに惑ひ重ねつつ年のみ不惑の数に入りける。」(『管見（初版）』二五九—六〇頁)

というのが、この論文の結語であった。そして、次の「生産政策か分配政策か」においては、

「分配政策が、主にして生産政策は従である。吾人は斯かる見地に立つことにより、始めて真の社会政策を認め得るものと考ふ。思ふに生産万能論——私有財産神聖論——の人心を支配するや既に久し、乃ち余が論の如き、恐らく読者の一笑にも値せざらん乎。」(『管見(初版)』三〇五頁)

と断定するに至っている。ここで彼は、彼が従来反対してきた自由主義の立場ばかりでなく、彼が従来支持してきた国家主義の立場においても、それが資本主義的な経済組織と経済倫理に基底しているかぎり、真に貧者・労働者の保護を目的とするような「社会政策」は実行され難いことを確認しているのである。とすれば、彼が「貧乏問題」の解決策として考えていた二策、「富者の奢侈自

制策」も「国権による組織改造策」も、ともに期待しえぬことになり、残るは「労働者の経済的自覚」にもとづく「階級闘争による組織改造策」以外にはありえないことになろう。

かくして彼の経済学研究の基本線は、「資本主義経済学」から「社会主義経済学」の方向に転回せざるをえなくなってくる。こうした転回の指標としては、大正八年(一九一九)一月における個人雑誌『社会問題研究』の創刊をあげることができよう。それは、後から位置づければ、河上の思想が「人道主義」から「マルクス主義」へ転回する第一歩であった、ということもできる。しかし、われわれはこうした転換が、まず「人道主義」の放棄としてでなく、「人道主義」そのものに基底しつつ、その枠内における「資本主義経済学」から「社会主義経済学」への移行として現われてくることに、注意しておかねばならない。

要するに大正六年(一九一七)から八年(一九一九)にかけては、河上の経済学研究の動揺・転換期であった。「貧乏問題」は、経済学者としての河上に対し、まず「生産政策か、分配政策か」という形で、さらに「資本主義か、社会主義か」、あるいは「人心改造か、社会改造か」という形で、しだいにその二者択一を迫ってきたのである。経済学者としての河上は、いわば「貧乏問題」を公案として、「マルクス主義」へ踏み切っていった、ということができる。その頃、ロシア革命、シベリヤ出兵、米騒動など内外の情勢もまた動揺・転換の徴候を示していた。河上は、その間にあって、表面的にはきわめて平静な生活を、「本日多忙」の札を研究室にぶらさげて読書・執筆に専念するような毎日を送っていたが、しかしその胸奥においては激しい自己否定の苦闘を続けていたのである。*

* 『貧乏物語』(大正六年三月)は、増版につぐ増版を重ねていたが、大正八年に三〇版を以て絶版とされた。『社会問題管見』(大正七年九月)も、大正九年三月に改版されているが、それは改版といってもほとんど新著に等しい改造版である。その前篇は『貧乏物語』から上・中篇を採り、下篇を抹殺したものであり、その後篇は『管見(初版)』から短篇三つを残して他を抹殺し、代りに新論文六篇を加えたものである。こうした絶版・改版は、当時の河上の思想の動揺・転換を示すものであろう。

第五章　マルクス主義への道

一　『社会問題研究』

「利他主義」の立場に立ち、「天下の公器」として活動しようとした河上は、その経済学研究の主題を「貧乏問題」に見出し、しかもこの問題解決の契機を資本家の「倫理的自覚」から、労働者の「経済的・階級的自覚」に移してきた。かくて河上は、「愈々ブルジョア経済学に見切りをつけ、腰をすゑてマルクス経済学の勉強を始め」ようとしたのである。この第一歩が、大正八年(一九一九)一月における個人雑誌『社会問題研究』の創刊であった。*

* 『社会問題研究』は、「今後大凡そ毎日又は隔日に一回宛、号を逐うて公にせんことを予期せる余の著書であり雑誌である。否な著書とも謂ひ難く、雑誌とも名づけ難き、一種の小冊子《パンフレット》である。」(『社・研』第一冊序) この雑誌は、初めは三二頁(一三銭)の小冊子として発行され、それから約一〇年間、昭和五年一〇月の第一〇六号まで続いた。二、三千の部数を予定して発行されたが、まもなくそれは一万となり二万となった。経済学の雑誌で、これほど広く読まれ、影響を及ぼしたものは、世界にも稀であろう。河上個人としても、一生の最大のエネルギーを投じた事業となった。

この雑誌の発行は、小島祐馬・櫛田民蔵の両人の勧奨によるものであった。大正七年(一九一八)の「大阪朝日新聞事件*」で同社の幹部が総辞職を強いられた時、河上はその特別寄稿家としての関係を断ち切った。だが河上は、これに代るような「大衆に向つて話し掛ける舞台」がどうしても欲しかった。なぜなら、労働者の階級的自覚に訴えることの重要さを意識しだした河上にとって、それはどうしても必要だったからである。あせった彼は、『日本一』という駅売りの大衆雑誌を自分の「舞台」にしようと考えたりしていた。こうした様子を心配した小島・櫛田両人は、河上の知らない間に弘文堂に話をつけ、この雑誌の刊行を勧めたのである。その第一冊の序に「蝸牛の如き小さなる城にはあれど、余は余の知らざる間に、かかる天地を余の為に調へ呉れし二人の友人に向つて、深く之を感謝するものである」と書いているのは、そうした事情によるものである。

＊「大阪朝日新聞事件」とは、当時その論説中の「白日虹を貫く」の一句が、国体変革を意味するものとして問題となり、編集長の鳥居素川はじめ、長谷川如是閑、大山郁夫らが連袂辞職した事件をいう。大正八年二月創刊の雑誌『我等』は、これらの人々を中心としたもので、後に櫛田もこれに参加している。

河上は、この雑誌創刊の理由について、後に「恐らくその頃、真理の方向はここにあるといふ見込をつけ分らぬなりにもマルクス主義を宣伝しようと決心するに至つたからであらう」(『自叙伝』

一」と述べている。その頃、主観的にはすでにマルクシストであった河上は、意識的に「大学教授の地位を利用しながら、社会主義の宣伝をしてやらう。」と腹を決めたわけである。しかし、主観的にはマルクシストであった河上も、客観的にはなお「抜き難き人道主義の病」(堺利彦『唯物史観の立場から』)をもつ哲学徒であり、「『資本論』における研究方法を丸つきり心得てゐない」(『自叙伝』一)経済学徒であった。したがって河上の『社会問題研究』は、「マルクス主義宣伝パンフレット」であると同時に、その「マルクス学勉強ノート」でもある、という二重性をもつことになる。そのことについて、彼は次のように書いている。

「私の書いたものは間違ひだらけであつた。しかしそれは月をさすための指として役立つた。」(「自画像」『自叙伝』一)

この雑誌に掲載された諸論文の主なものは、のちに『社会問題管見(改版)』(大正九・四)、『唯物史観研究』(大正一〇・八)、『社会組織と社会革命』(大正一一・一二)に収められ、また『近世経済思想史論』(大正九・四)、『資本主義経済学の史的発展』(大正一二・八)などの基盤となった。これらの諸著は、河上個人においてばかりでなく、日本におけるマルクス主義研究の道標をなすものであった。

「市民社会の解剖学は、これを経済学の中に求むべきである」とマルクスは言っている。明治以来の社会主義者たちは、未だ日本という具体的な市民社会についての解剖学をもっていなかった。したがってそれは未だ「科学的社会主義」ではなかった。この時に当って、河上は、「社会主義」の立場から福田徳三・小泉信三流の「社会政策」を批判する一方、従来の幸徳秋水・堺利彦流の「社会主義」に「経済学」の芯を入れようとしたのである。しかし、そのことを遂行するためには、彼はまず自らの唯心論的な「人道主義」の哲学を脱皮せねばならなかった。

こうした道程を、彼は迷いつつ、誤りつつ、転びつつ進んでいった。それは、彼も言うように「間違ひだらけ」の過程であった。しかし、それらの「間違ひ」を冒し、それを正すことによってのみ、西欧マルクス主義は、はじめて河上の中に、そしてまた日本の知識人・労働者の中に血肉化されえたのである。なぜなら、この雑誌によって「科学的社会主義」への眼を開かれた多数の読者は、まさに河上とともに迷い、河上とともに躓きつつ、それを吸収していった、といえるからである。

二　河上・堺論争

前節で述べられたように、河上のマルクス主義への歩みは、二つの側面をもっていた。一つは

「社会主義経済学」の立場よりする「資本主義経済学」への批判であり、一つはその「社会主義経済学」という理論を「階級闘争」という実践に媒介する立場の追求であった。前者の面においては、福田・小泉・高田（保馬）といったアカデミシャンとの論争が、後者の面においては、堺・櫛田・福本（和夫）といったマルクシストとの論争が、それぞれ行われた。われわれの考察の主題は、河上のマルクス主義への近接過程にあるのだから、ここではもっぱら後者の面に照明を当てていくことにする。

まず、堺利彦との論争から考察してみよう。堺は、いうまでもなく明治以来生き残りの社会主義者であり、唯物論者であった。そしてまた同時に、『貧乏物語』以来、河上における「社会主義」的経済学と「人道主義」的哲学との「不徹底な混合」に対する批判者であった。その堺が、この雑誌に掲載された河上の「社会主義の進化」（『社・研』第五冊、大正八・五）を読んで、さらに河上における「抜き難き人道主義の病」の生ずる根源は、その「道徳観」において「唯物史観」が適用されていない点にあるのではないか、という疑問を提起してきたのである（「現代社会主義の最も恐るべき弊害」、『解放』第一号、大正八・六）。

では河上は、この「社会主義の進化」において、いかなる「道徳観」を示していたか。彼は、この論文で、「財産の私有独占を非とする思想」を「社会主義」とよぶならば、かの「汝に請ふ者にあたへ、借らんとする者を拒むな」と説いたキリストも「一個の社会主義者」にほかならないという。しかし、こうした「人生に対する高遠な理想」の提示に止まる「社会主義」は、未だ「空想的・道徳的な社会主義」であるにすぎない。マルクスは、こうした「社会主義」に「経済学」と「革命理論」とを加えて、それを「科学的・政治的な社会主義」に「進化」させた。だが民衆は一般に「利己的・非道徳的」であるが、中には「非利己的・道徳的」な「志士・仁人」も存在する。なるほど初期の「道徳的社会主義」は前者を無視することによって空想的となったが、遂に現代の「科学的社会主義」は後者を無視することによって「その道徳性を失わんとしつつある。」そのことこそ、「余が現代の社会主義に対し最も慊らざる点」であり、「科学は宗教道徳と矛盾するものではない」というのが、河上の説であった。

　これに対して堺は、「河上君は基督を以て『一個の社会主義者』と為し、『乍併其理想は、二千年を経たる今日、猶到達することの全然不可能なる一個の理想である』と云つてゐる。之で見ても、河上君の道徳は万世不変なる『永劫の真理』である事が分る。道徳が既に不変であり、永劫であり、絶対であるとすれば、一時代において、上下両階級（若しくは数階級）の間に二種（或は数種）の道徳思潮が存在すると云ふ事などは、到底許容されない筈である」と述べ、「河上君は、経済学者としては新興階級の代表者である。然し其の道徳観に於いては、依然として権力階級の道徳を把持している。そこに大なる矛盾があり、不徹底がある」と批判した。

こうした批判に対して河上は、「可変の道徳と不変の道徳」（『社・研』第七冊、大正八・七）において、次のように答えた。

「私は道徳の可変性を主張すると同時に、又固く道徳の不変性を信ずる。発して礼儀三百威儀三千となる。その用は変ずべし、その体を離れて何所にか人生あらん。是の故に、社会問題の考察に当り、私は常に道徳乃至宗教を高調する。」（「可変の道徳と不変の道徳」）

河上はここで「不変の道徳の存在を肯定する科学的社会主義者」として、自己を規定している。これは後年の「宗教的真理の存在を主張する唯物論者」としての自己規定に照応するものである。この場合、河上のいう「不変の道徳」とは、超歴史的・超階級的・人類的な「理想の道徳」である。これに対して、「科学的社会主義」がそれに基底している「唯物史観」は、すべての「現実の道徳」が歴史的・階級的なものであること、「不変の道徳」なるものは現実的には存在しないことを主張している。しかし河上は、「志士仁人」におけるその実在を主張しているのである。堺は、そこに河上の「大なる矛盾があり、不徹底がある」と批判するが、河上はこの意味での「不変の道徳」の実在を信ずることが私の「病」であるならば、「私は到底此病より離るゝことが出来ぬ」と答えているのである。

これは矛盾であるか否か。もし矛盾でないとすれば、それはいかなる意味においてであるか。問題のポイントは、「科学的社会主義」の基底にある「唯物史観」の哲学と、「科学的社会主義」の基底にある「人類解放」の哲学との関係をどう把握するかにあるだろう。しかしこの点についての河上の理解も未だ明瞭でなく、したがってその主張も説得力を欠いている。この時に当って、この論争のポイントを明示し、河上説に若干の補説を加えることによって、それを堺説から擁護しようとしたのが、明敏なる櫛田であった。櫛田は、マルクスの思想には、『経済学批判序文』にみられるような「唯物史観」の哲学と、『共産党宣言』にみられるような「人類解放」(ヒューマニズム)の哲学があることを指摘し、前者における徹底した現実主義《リアリズム》の立場と、後者における倫理的な理想主義《アイデアリズム》の立場とは一見矛盾するようだが、実はそうではないと主張した(「唯物史観と社会主義」、『我等』第一巻第一二号、大正八・一〇、『櫛田民蔵全集』一)。

「一つは如何にあるかの問題であり、一つは如何にあるべきかの問題である。社会主義の主張其ものは、唯物史観以外、別に何等かの理想目的の下に立つことを予想しなければならぬ。——私はマルクス唯物史観をかく解する。かく解することに依りてのみ以上の矛盾は解けるやに思はれる。……河上博士の所謂『不変の道徳』が何であるか。茲にマルクスが含蓄した人類解放の理想であるか否か。それは十分明かでない。そして、もしそれが、マルクスのそれと同じ意味を持

つならば、博士は、堺氏より、よりマルクス流である。」（「唯物史観と社会主義」――傍点筆者）

これが櫛田の結語であった。櫛田の言うように、マルクスの思想が「人類解放の理想」を含んでいることは確かである。そしてこの理想が、たんに階級的・相対的なものでなく、人類的・絶対的なものであること、しかもその定立が決して「唯物史観」と矛盾するものでないことは明らかである。しかし、櫛田のいうように、河上のいわゆる「不変の道徳」がマルクスの言う「人類解放の理想」と重ね合せうるものかどうか、またこうした理想の定立根拠が「唯物史観」以外のところに、すなわち「唯物史観」から切り離された「理想主義」の哲学において求められるべきものかどうかは、必ずしも明らかではない。この時の櫛田は、明らかに新カント派的なマルクス解釈の上に立って、河上説の擁護を試みているのである。

われわれはここで、当時の河上も櫛田も、「科学的社会主義」を主張しながら、決していわゆる「弁証法的唯物論者」ではなかったこと、「唯物史観」的経済学者にして、「人道主義」的社会主義者であったことに、注目しておくべきであろう。問題はまさに、レーニンのいうマルクス主義思想の三つの構成部分、「社会主義」と「経済学」と「哲学」との相互関係をどう把握するかという点にあった。

三　河上・櫛田論争（その一）

河上のマルクス主義への道は、まずその「社会主義」の面を倫理的見地から「利他主義」として把握することから出発し、その「経済学」の面を通路としてたどられていった。そのことは、マルクス主義思想に対する、とくにその「哲学」の面に対する彼の理解を阻み、したがってまたその「哲学」を基底とする「経済学」の理解を阻んでいた。言いかえれば、従来の「社会主義」に「経済学」の芯を入れようとした河上は、その「経済学」が「哲学」の芯を入れることなしには十分に把握できないことに、なかなか気づかなかったのである。

河上ははじめ「マルクス経済学」と「マルクス哲学」との関係をどう考えていたか、言いかえれば「労働価値説」と「唯物史観」との関係、さらに「唯物史観」と「階級闘争説」との関係をどう考えていたのか。このことについては、彼が大正九年（一九二〇）四月に刊行した『近世経済思想史論』において、その概要をうかがうことができる。*

* 本書は、大正八年夏の講演速記に加筆したもので、第一講アダム・スミス、第二講マルサスおよびリカアドー、第三講カアル・マルクス、の三部構成をとる。この第三講は、『社会問題研究』（第一冊～第一〇冊）に連載された「マルクスの社会主義の理論的体系」を原型としたもので、全体の三分の二を占めてい

る。

本書において河上は、次のような見解を示している。

㈠「マルクス主義の三大原理」は、「唯物史観」と「経済学」と「社会民主主義」である。そして「此等三大原理の根本を縫ふて一本の金の糸の如く走る所のもの」が、「階級闘争説」である（『史論（戦後版）』一一三―三四頁）。

㈡「唯物史観と階級闘争説との関係」は、密接であるが、不可分ではない。なぜなら、「唯物史観」は、「過去現在将来を通じて適用さるべき性質のもの」であるが、「階級闘争説」は「専ら階級社会にのみ適用され得るもの」で、「唯物史観の応用学説」だからである（同前、一三一―三二頁）。

㈢「唯物史観と経済学との関係」は、密接であり、不可分である。なぜなら、「マルクス経済学」の支柱をなす「労働価値説」は、「正統派経済学」のそれにもとづくものであるが、そこから異なった結論が打出される理由は、その立場の相違にある、つまり「唯物史観」をとるか否かにある、したがって「唯物史観を離れて資本論はない」からである（同前、一八九頁）。

以上のような河上の見解に対して、櫛田はその「書評」（『著作評論』大正九・七、『櫛田全集』一）

において、次のような疑問を提出している。

㈠「唯物史観と階級闘争説との関係」について。「唯物史観」の特質は、社会変動の原因をその物質的要因（生産力の発展）に求めることにあるだけでなく、その変動の形相を弁証法的に（矛盾の発展として）みることにあるのではないか。したがって「階級闘争説」は、むしろ「唯物史観の結論」ではないか。

㈡「唯物史観と経済学との関係」について。『資本論』の特質は、それが正統学派から借りてきた「労働価値説」と、マルクスが自分で創りだした「唯物史観」という二つの足場をもつところにではなく、むしろその「労働価値説」そのものを「唯物史観」を基底として立てているところにあるのではないか。つまり「経済法則」を、たんに「自然的・必然的な法則」としてでなく、「歴史的・社会的な法則」として把えているところに、『資本論』の特質があるのではないか。

㈢「いわゆる三大原理と階級闘争説との関係」について。以上のような見地からみれば、「三大原理の根本を縫ふて金の糸の如く走る所のもの」は、「階級闘争説」ではなくて、むしろ「弁証法的な事物の見方」、すなわち「唯物史観」ではないか。

この「書評」においては、櫛田はただ疑問を提出するに止まっているが、やがて彼は、数ヵ月後に「マルクス学に於ける唯物史観の地位」(『我等』大正九・一〇、『櫛田全集』一)なる論文を草して、この問題に対する積極的な解答を示した。彼は、この論文で、いわゆる「唯物史観の公式」(『経済学批判序文』)を検討して、それを貫通するものが歴史的・社会的事実に対する、(i)「物質的条件の認識」と、(ii)「弁証法的研究方法」であることを把み、この故に「唯物史観」をもって「弁証法的唯物論」と呼ぶことは「最も名実相副ふもの」であると述べ、かかる「唯物史観」を前提せずしては、いわゆる「階級闘争説」も「剰余価値説」も成立しえないことを証明した。

「マルクス学の神髄は唯物史観であり、之れ無しには、マルクスの他の凡ての学説は成立しない。マルクス学は、唯物史観と共に成立し、唯物史観と共に消滅する。それ故に私は云ふ、マルクス学は唯物史観のみでないとするも、マルクス学は唯物史観一本であると。」(「マルクス学に於ける唯物史観の地位」)

この櫛田論文において、日本のマルクス主義研究は、はじめて「マルクス経済学」の基底にある「マルクス哲学」＝「弁証法的唯物論」を確認しえたということができる。櫛田は、この論文において「マルクス学は唯物史観一本である」と言い切ることにより、従来の彼が河上とともに基底していた「新カント派的な理想主義」(＝「儒教的な人道主義」)の線を踏み越え、「弁証法的唯物論」に向かって一歩前進した。「道徳論」に関しても「唯物史観」に基底する「科学的道徳論」の必要を説き、いわゆる「志士仁人」の宿す「非利己的・人道的な理想」といえども、「個人の天分のみによつて」可能なものではなく、「経済事情の変化の反射によつて始めて」可能なものであることを力説している。この時、櫛田は、マルクス主義への道において、河上よりも一歩先んじて前進したのである。

この論文の発表直後、大正九年（一九二〇）一〇月、櫛田は「大原社会問題研究所」から派遣されて、ヨーロッパ留学の途に上った。その際に河上が呈した「人間の自己瞞着性」（『社・研』第二〇冊）なる一文は、河上の櫛田に対する壮行の言葉であると同時に、この論文に対する間接的な解答の言葉であった。その中で河上は、「人間は、自身では将来の事実を予想すと信じつつ、只自身の希望の幻影を見つめつつある場合が少くない」ということを実感をこめて語り、いわゆる空想的社会主義者たちが皆こうした幻影を抱いたことにふれて、

「まことに社会の改造に関する此種の幻影を照破するは、社会の変動に関する科学的智識の精髄たる、かの唯物史観の任務とする所でなければならぬ。唯物史観の根本精神はリアリズムである。そのリアリズムに照らさるる時、一切の幻想はその影を消す。私は今、リアリズムのその力を慕ふ。」（「人間の自己瞞着性」）

と述べている。この言葉は、河上が、先の櫛田論文に触発されて、自らもまた従来のユートピアン的傾向を乗り越え、リアリズムとしての「唯物史観」に徹底しようとする決意を示すものとして、注目に値するであろう。

四　マルクス主義研究の転回点

「社会主義経済学」を徹底的に理解するためには、まずその基底にある「唯物史観」を徹底的に把握しなければならない。河上は、櫛田の批判によって、ようやくこのことに気づいた。マルクスは、まずヘーゲル哲学の批判を通して「唯物史観」の哲学を確立し、これにもとづいて経済学研究に進み、遂に『資本論』を書き上げたのであるのに、逆に河上は、まず経済学研究から出発し、自らの唯心論的な「人道史観」の哲学を保留しながら、すなわち、「唯物史観」の哲学を敬遠しながら、『資本論』を理解しようとしていた。しかし「唯物史観」の哲学的理解を回避しているかぎり、『資本論』の経済学的理解もまた永久に覚束ないであろう。マルクス主義研究の道程で、このことに気づいた時、彼は一つの転回点に立っていた。それは「経済学研究」から「哲学研究」への転回点であった。

しかし「哲学」は、河上にとっては最も苦手な学問であった。* 彼は本来「宗教的求道者」ではあっても、「哲学的究理者」ではなかった。しかし『資本論』理解のためには、どうしてもまず『唯物史観』研究が必要である。彼はさしあたり例の「公式」を手がかりに、「一字一句尽く暗中摸索の状態」から出発した。一方ロシア革命の進展は、彼の「革命理論」への関心を刺戟した。かくて彼のマルクス主義研究は、さしあたり「経済学」の面を通路として、一方には「哲学」の方向に向かって、他方には「革命理論」の方向に向って、拡げられ、深められはじめた。『唯物史観研究』(大正一〇・八)と『社会組織と社会革命』(大正一一・一二)とは、このような研究方向における労作の集成である。ヨーロッパ留学中の櫛田が、ワイマール憲法下のベルリンでリヤザノフと知り合い、レニングラードに足を踏み入れたりしている間に、河上は「京都以外に一歩も出ずして、論文を書きため」ていた。その成果がこの二著であり、そのほかにマルクスの『賃労働と資本』、『労賃、価格及び利潤』の翻訳も刊行された。

* 大正九年六月八日付櫛田宛の手紙で、河上は次のように語っている。「若い者がカントくく云ふのでしやくにさはりますから、この休みにはカントを読むつもりで昨日頃から『理性批判』の方を見かけましたが、えらい六ケしいものですね。Engels は Wir deutschen Sozialisten sind stolz darauf, dass Wir nicht nur von Saint Simon, Fourier und Owen, sondern auch von Kant, Fichte und Hegel と云つて居りますから、我々も我慢してカント、ヘーゲルをカヂッて見なければならぬかと思ひます。少し上品なことは益々イヤになりました。食はなければ生きて行かれない、そこで皆が楽に食へるようにしようと云ふの

に、カントの哲学もヘーゲルの哲学も必要はあるまいと考へます。飯を食ふのに哲学がいるやうでは吾々はその哲学を理解せぬ前に死んで仕舞ひます。」（大内編『河上肇より櫛田民蔵への手紙』）

その頃、河上は人気の頂点にあった。講義は、他学部の学生や学外のインテリまで聴講に来て、いつも満員であり、立ってノートをとる者も多かった。私宅の前を通る学生たちの中には、「門の前で脱帽して敬意を表している姿」（宮川実「学者としての河上先生」）さえも見受けられた。しかし、一方その筋からは「大学教授中の危険思想家の巨頭」（『自叙伝』五）としてにらまれるようになり、大正一〇年三月には、彼の随筆「断片」をのせた『改造』（同年四月号）が発行停止を食ったりしている。*大正一一年（一九二二）七月に「日本共産党」が結成され、その翌月の八月には櫛田が留学から帰朝した。

＊　この事件については、随筆「断片」（『自叙伝』五）の中に、詳しい事情と、それにまつわる一つのエピソードが語られている。エピソードというのは、いわゆる「虎の門事件」の難波大助が、たまたまこの「断片」を読んで感動し、これによって最後の決意を固めたことである。むろん河上は何も知らなかったが、難波の方では彼を慕って決行直前に河上宅を訪ねたりもしている。

櫛田の河上批判は、その帰朝とともに再開された。彼は、師河上の説を全力をつくして検討した。その検討を通して、日本のマルクス学研究の水準を高めようとしたのである。帰朝第一作たる「唯物史観の公式に於ける『生産』及び『生産方法』」（『大原社研雑誌』第一巻第一号）は『唯物史観研究』

における河上説の間接的批判であった。この論文が発表された大正一二年(一九二三)八月に、河上はこれまでの「経済学史」の講義ノートをまとめて一冊の大著を刊行した。それが『資本主義経済学の史的発展』であった。河上は、発刊と同時にこの書物を櫛田に送った。櫛田は、それを丹念に検討し、しばしば河上を訪問しては、「大きな机の上を拳でトントン叩きながら」、河上の考えを批判した。河上は「その勢の前にタジタジとなった。*」そうした議論を交わしている中に、河上は「異常な発憤」を覚えた。それは、「おれはもう一度学問を叩き直さねばならぬ」という悲壮な決意であった。

* 河上は後に当時を回想して、「この時代に私が櫛田君から受けた刺戟、それなしには私はその後到底マルクス主義の真の理解に到達し得なかつたであらう。」(大内編『河上肇より櫛田民蔵への手紙』)と語っている。

河上は今やはっきりと彼が学問研究の転回点に立っていることを意識した。それは何重もの意味における転回点であった。彼が今新たに旅立とうとしている道は、経済学から哲学への道であり、唯心論から唯物論への道であり、さらにはマルクス主義の理論的研究者から実践的運動者への道であった。前途の困難は、はじめから予想された。当時の日本では、こうした道を進むことは、まさに「いのちがけ」の決意を必要としたのである。しかし前途の困難も、四六歳という年齢も、彼の決意をひきとめる力はなかった。当時の彼の心境は、次の歌にはっきりと表現されている。

旅の塵はらひもあえぬ我ながらまた新たなる旅に立つ哉

大正一三年（一九二四）六月、彼が紀州和歌浦の望海楼で病を養っていた時の作である。この時櫛田は、東京で河上の「唯物史観」把握に対する痛烈な批判論文を書き上げていた。*同年七月号の『改造』に発表された「社会主義は闇に面するか光に面するか」がそれである。京都に帰ってこの論文を読んだ河上は、「一本参った」という感じを強く受けた。しかしそのことは、これまでの研究に終止符を打って、マルクス主義への「新たなる旅」に再出発しようとする河上の決意を、ますます固めさせるものであった。しかし、彼が「一本参った」と感じたのは、いかなる点においてであるか。次にこのことを考察してみよう。

＊　この論文の結語において、櫛田は次のように書いている。「博士少しく病んで紀州の海岸にある。不幸にしてこの感想文が博士の眼にとまることがあつても、どうか私の蕪雑なことばをとがめられないことを祈る。」理を正し、情を尽した批判というべきであろう。

五　河上・櫛田論争（その二）

『資本主義経済学の史的発展』は、河上にとって、従来の「資本主義経済学研究」の総決算の書であるばかりでなく、ある意味では、彼の前半生の思索の総決算の書でもあった。なぜなら、それは、一応「経済学史」の体裁をとってはいるが、その構成も主題もまったく河上独自のものだったからである。[*] この著作は、徹頭徹尾「利己的活動の是非」ということを主題にしているが、それこそはまさに彼の前半生の思索の基本的な課題であった。この書物は、利己的活動を是認するマンダヴィルの思想に筆を起し、これを否認するラスキンの思想をもって巻を結び、こうした文脈上に、マルクス経済学成立の意義を見通している。「利己的活動の是非」という基本線上に設定された個人主義→人道主義→社会主義という発展過程は、まさしく河上自身の思想的発展過程に対応するものであり、その意味で本書は、極言すれば、「経済学史」に託して河上自身の「メンタル・ヒストリー」を語ったものと言える。[**] 言いかえれば、本書は、河上肇以外には何人も書きえない「経済学史」だったのである。彼が本書に対して、終生「特殊の愛著」をもち続けた所以であろう。

* 本書について河上は、「これは経済学史に関する一著作であるが、しかし、それは何人の著作をも真似たものではなく、その体系は、覚束なくも著者独特の要求により、独自の構成をもつたものなのである。

それは筆を利己的活動の是認の思想に起し、利己的活動否認の思想をもつて巻を結んでゐる」(『自叙伝』一)と語っている。本書の中で、普通の「経済学史」には登場しないようなベンタム、カーライル、ラスキンらの思想に相当の頁が割かれているのは、そのためなのである。

＊＊　この点については、大正七年二月四日付櫛田宛の手紙の一節が興味深い。そこで河上は「私の此頃自分のメンタルヒストリーを経済学史に発見致居候。ゴトキンの「政治的正義」は如何にも小生の無我愛時代に適合致居候。ゴトキンがあれを仏蘭西革命の最中に書いたかと思ふと興味不少候」と述べている(大内編『河上肇より櫛田民蔵への手紙』)。

したがって、本書は、マルクス学者として河上が「唯物史観」の立場で書いた「経済学史」として読むべき書ではなく、むしろようやくマルクス主義の本格的研究を決意した河上が、その地点で書いた「資本主義経済学への弔辞」として、あるいは「自己埋葬の辞」として読むべき書なのである。本書をあくまでマルクス主義の立場からの「資本主義経済学史」の試みとして受け取り、その見地からその内容を検討した櫛田が到る処に不満を覚え、逆に櫛田の痛烈な批判に「一本参つた」と感じた河上が、なおその批判の中に「若干の善意を欠いた誤解」も含まれているように感じたことは、いずれも当然であったといえよう。

ところで『社会主義は闇に面するか光に面するか』における櫛田の批判の要旨は、河上は本書において、主観的には「唯物史観」に立脚した「経済学史」を書こうとしたにも拘らず、客観的にはまったく「擬似唯物史観」=「人道史観的唯物史観」に立脚した「経済学史」を書いている、というにある。櫛田によれば、「上部構造としてのイデオロギー的諸形態は、土台としての社会の経済的構造の上に立つ」というのが「唯物史観」の基本命題であり、さまざまな経済学説もまたイデオロギー的諸形態に属するのだから、もし「唯物史観」に立脚して「経済学史」を書こうとするのであれば、それはまず「夫々の経済学説がいかにその時代の経済構造を反映し、いかにその時代の階級意識を反映しているか」を、「夫々の学説に於ける主要な範疇や法則の理論的分析」を通して究明することに、主眼を置かねばならぬはずである。ところが、本書においては、その背景にある(しかし同じく上部構造に属する)道徳的原理の変化だけがきわめて重視され、逆にその根底にある(土台としての)経済的構造の変化はあまりにも軽視されている。* これでは「唯物史観」的ということはできない。

* 「この書は、経済的自由主義の事実上の基礎については、僅かに六頁を費すことの代りに、学者その人の学説ないし経済思想の背景としての哲学ないし道徳論については……合計約三百頁、即ちこの著の大半がそれに費されている。」「スミスについては歩き方まで書かれている。」(『櫛田全集』一、一八八頁)

そればかりでなく、この道徳的原理なるものは、ほとんど階級意識とは無関係に、それ自体として考察されている。その結果、リカルドからマルクスへの発展の意義は不明瞭になり、その間にカーライル、ラスキンといった余計な人物が挿入され、ラスキンとマルクスが同列に並べられることになる。ともに「人類全体」の立場、その意味での「利他主義」の立場に立つとされるのである。しかし櫛田によれば、「階級」的立場を離れた「人類」的立場は存在しえないし、「利他主義の経済学」はたんに「利己主義」の道徳論的否定から成立するものでなく、「功利主義の経済学」そのものの弁証法的自己否定としてしか成立しえないのである。したがって、河上が高く評価するカーライルやラスキンの人道主義は、封建的・反動的・観念論的な立場からの資本主義経済倫理の批判にすぎず、マルクスやエンゲルスの科学的社会主義とは「何の関係もない。」このように河上説を批評し来った櫛田は、最後に河上がこの著作をそれで結んでいる言葉、ラスキンの「大胆に帷を揚げよ、光に面せ」という空想的・人道主義的な言葉に対して、

「社会主義は闇に面するが故にのみ光を生むのであつて、光に面するが故に光を産むのではない。むしろそのより多く闇に面するに依つてより多く光に面することが出来るであらう。」（『櫛田全集』一、二一七頁）

と手きびしく反論している。河上はまったく「一本参つた」のである。しかし河上は、こうした批判を誠実に受けとめることによって、さらに前進した。* 櫛田の河上批判は、その後もマルクスの

「価値論」や「地代論」の理解に関して続行されるが、ここではその考察を割愛して、もっぱら河上の前進方向を追跡していくことにする。

＊ この批判を読んだ河上は、大正一三年七月一日付の手紙で、次のように答えている。「幸に私はまだ固まつて居りません。自分で変化と動揺とを感じて居ります。あなたから受けた批評によつて、動けるものならまだ動きたいと考へて居ります。」(大内編『河上肇から櫛田民蔵への手紙』)

六 河上・福本論争

河上の「経済学」から「哲学」への転回過程において、櫛田の批判と並んで、否、それ以上に強い影響を与えたものに、福本和夫の批判がある。大正一一年、松江高校教授としてドイツに留学した福本和夫は、イエナ大学教授コルシュについて哲学を学び、大正一三年に帰朝後山口高商教授となった。福本の論壇への登場ぶりは、まことに颯爽たるものであった。その最初の論文は、大正一三年(一九二四)一二月、『マルクス主義』誌上に現われた「経済学批判のうちに於けるマルクスの『資本論』の範囲を論ず」であった。＊続いて大正一四年(一九二五)二月の同誌に「唯物史観の構成過程――唯物史観研究方法の過程」が発表された。かねてから河上の著作の熱心な読者であった福本は、これらの論文において、河上の『唯物史観研究』における見解を批判した。その批判の主旨は、河上の「唯物史観」なるものが、「唯物弁証法をぬきにした唯物史観」であって、内容的には「経済史観」でしかないというにあった。そして福本は「社会科学的認識」と「階級闘争的実践」の「方法論としての唯物弁証法」を強調したのである。

* 『マルクス主義』は、コンミュニスト・グループの理論的機関誌たる役割をもって、大正一三年五月に創刊された月刊誌であり、当初には山川均の活躍が、ついで福本のそれが、やがて二七年テーゼにもとづく福本イズムの批判が目立っている。

福本の河上批判の第三論文は、大正一四年三月、やはり『マルクス主義』誌に載せられた「経験批判主義の批判」であり、これは河上の「唯物史観と因果関係」(大正一三・九、『社・研』第五五冊)という論文の批評であった。河上のこの論文は、彼が従来それをどう考えるべきかに迷っていた問題、すなわち「唯物史観における生産力と生産関係との関係、あるいはそうした土台と上部構造との関係」の問題を、従来のように「因果関係」としてでなく、「相関関係」として把握することによって解決しようとしたものである。その結果、河上は、マルクスは諸社会現象間の関係を因果的に「説明」しようとしたのでなく、ただ「物質的生産力」を中心にして統一的・相関的に「記述」しようとしただけだ、という見解を主張するに至った。これは、明らかに「唯物史観」の「経験批判主義(マッハ主義)」的改釈である。* 福本の批判は、この点を鋭く指摘したものであった。

* 河上は、こうした見解を、当時発表された石原純の科学論、「物理現象に於ける因果則」(『思想』、大正

一三・七月号)、「自然科学に於ける説明、記載及び構成」(同上、八月号)から採り入れている。河上のマルクス主義は未だその「社会科学方法論」を確立しておらず、そのためこうしたマッハ主義的認識論を輸入せざるをえなかったのである。しかし河上は、福本の批判を受ける以前に、すでにこうした見解の誤りを、櫛田からの批評(私信)によって気づいてはいた(大内編『河上肇より櫛田民蔵への手紙』、大正一四・二・八付参照)。

福本は、河上の誤りの由来を、その「マルクスの方法の無理解」に、すなわち「唯物弁証法の無理解」に求めた。彼によれば「因果関係か、相関関係か」といった河上の二者択一的な思考方式は、形式論理的であって、弁証法的でない。河上が問題にした諸現象間の関係は、すでにヘーゲル弁証法において「交互作用」として規定されている。この「交互作用」は、いわゆる「因果関係」と形式論理的・相互排除的に対立する「相関関係」のことでなく、むしろ高次の「因果関係」である。マルクスは、こうしたヘーゲルの弁証法的見解をふまえて、その上で諸現象の中、何れが何れを「決定」し「制約」するかを問題にしている。この点を無視し、一方的意義における「因果関係」説の否定から、直ちにその反対極である「相関関係説」の肯定を導くこと、つまり機械論的な俗流唯物論の否定から、直ちに経験批判論的な観念論の肯定を導くことは、明らかに河上の非弁証法的思考を示すものである。経験批判論は「精緻にして反動的な有産者的理論」以外の何ものでもない、と言うのが福本の批評であった。*

＊　河上はこの批評に対しても謙虚であった。大正一四年三月四日付櫛田宛の手紙で「福本氏が私の『唯物史観と因果関係』を批評して居られます。あれは私が間違つてゐるのに相違ないので、それはあなたから一寸御注意を受けた当時から、さう思つてゐるところです。従つて福本氏が、あそこに私が「安住」の地を見出してゐるかに申されてゐるのは、少々不服ですが致方ありません。只同氏の書かれるものは何時も簡単で、人を教へる深切さが足りないやうに思はれます。あれではややもするとペダンチックに陥る虞があると思ひます」と書いている（大内編『河上肇より櫛田民蔵への手紙』）。

こうした福本の批評は、それを河上の思考方法の非弁証法的性格についての批判としてみるかぎり、きわめて適切なものであった、と考えられる。しかし、同時に、こうした批評は、より適切には福本自身の思考方法に対して向けらるべき性質のものではなかったか、とも考えられるのである。つまり、河上・石原的な経験批判論が、決して「弁証法的唯物論」でないということから、直ちにそれをたんに「反動的な有産者的理論」であると評価し、かかるイデオロギーの全面的否定・排除をはかった福本の思考方法そのものが、やはり非弁証法的・観念論的という批評にあてはまりはしないか、と思われるのである。しかし、このような不充分さにもかかわらず、その批判は、河上肇、山川均らを代表的理論家とする大正期のマルクス主義思想の欠陥を、とりわけその「哲学的・論理的な支柱」の不備に由来する折衷主義的性格を鋭く指摘するものであったため、当時の青年知識層、とくにその先進的分子の関心をひきつけ、いわゆる「福本イズム」はたちまちの中にその指導理論となった。*

* ここで「福本イズム」について若干説明しておく必要があろう。大正一四年一〇月、福本は『マルクス主義』誌上に北条一雄なるペンネームで「無産者統合に関するマルクス的原理―方向転換は如何なる諸過程をとるか、我々はいまそれの如何なる過程を過程しつつあるか」を発表し、はじめて当時の左翼運動の指導理論であったいわゆる「山川イズム」に挑戦した。この論文は、その表題の奇抜さと内容の新鮮さとで、当時の左翼論壇を風靡した。さらに福本は、同じペンネームで、大正一五年二月および五月の同誌上に「山川氏の方向転換論の転換より始めざるべからず」と発表し、同年一二月の第二次共産党の結成に当つては、中央委員としてその再建の理論的リーダーとなり、以後昭和三年六月に検挙されるまで活躍した。

いわゆる「福本イズム」の要旨は、従来の「山川イズム」の運動理論は「社会主義と組合主義との折衷論」であるにすぎないが、それはその方法論的見地が不純であること、つまり「マルクス主義と俗学主義との混合、折衷」であることに由来している。したがって日本のマルクス主義者は、日本の社会主義政党を、山川のいうような「大衆政党」として結合するためには、まず、その前に純粋なマルクス主義理論に立脚する政党を、「前衛政党」として分離・純化すべきだ、と言うにある。福本はかかる「分離結合論」から、その分離・純化の手段として「理論闘争主義」を強調した。彼の河上批判はもっぱらかかる見地において遂行されたものである。

大正一四年一一月初旬、福本は京大学友会の招きに応じて、河上の本拠である京都大学で、「社会の構成＝並に変革の過程」と題する講演を試みた。河上も傍聴した。壇上の福本の瀟洒な燕尾服姿と壇下の河上の黙然たる和服姿とが、学生たちの眼には、新・旧両マルクシズムの対照のように映じた。福本は河上の面前で、その理論を痛烈に批判・攻撃したが、すでに従来の「唯物史観」に関する自己清算を決意していた河上は、終始一言も発せずに傾聴していた。*

* 当時の河上の心境を、宮川実氏は次のように伝えている。「私は、その講演の翌日河上先生に会つたが、先生は、自分は福本君の理論に誤りがあると思ふが、自分の現在の知識ではそれを批判するのに不十分である、自分は哲学を根本から勉強し直したい、といはれた。」(『学者としての河上先生』)

こうした事件を契機として、学生たちの間の河上崇拝熱は、急激に冷却していった。かつては「便所までついていつて質問した」学生さえ講義のノートを放り出して「けろりかん」としていた。*まもなく河上は、学生たちから公然たる訣別の宣言さえ受けた。しかし河上は「目をうるませ」はしたが、やはり一言も発しようとはしなかった。彼にとっては、「福本イズム」の是非や学生の向背が問題なのではなく、彼自身が「肚の底から納得しうる」ような理論の把握が問題だったのである。「四面楚歌」の裡で、彼はただひたすらに『資本論』の基底にある「哲学」を、「唯物弁証法」を追究していった。

* この宣言は劇的なものであった。京大学生によって組織されていた「社会科学研究会」は、その総会に河上の特別出席を要請した。その席上で、当時河上の最も愛する学生の一人であった岩田義道は、研究会を代表して、次のような趣旨の挨拶をした。「我々は河上先生の懇切な指導によって、正しい道に進むこ

とを教えられた。ところが今、我々の前途には大きな激流が横たわっている。我々は今からスクラムを組んでこの激流に飛び込み、大胆に渡って行かねばならないが、この案内を先生に期待することはできない。先生はこの岸にまだ仕事もあるようだ。だから我々は、ここで一旦先生にお別れしようと思う。先生には、我々の前途を見守り、絶えず声援を与えていただきたい。」（長谷川博『真のコンミュニスト・河上博士』）

七　マルクス主義への特殊な道

マルクス主義への道において、とりわけその「経済学」から「哲学」への道において、河上はたしかに櫛田や福本よりも一歩遅れていた。そのことを自覚すればこそ、河上は彼らの批判を謙虚に受け容れたのである。しかし、だからといって、河上は直ちに彼らに追随し、彼らのいずれかと同じ道を歩むことはできなかった。彼は、自分自身の手で、自分なりのマルクス主義「哲学」への道を、その特殊な道を切り拓いて行くほかなかったのである。それはなぜであったか。ここで、われわれは、河上におけるマルクス主義研究の方式が、櫛田や福本らのそれと、ある基本的な相違点をもっていたことに、注目しておかねばならない。

マルクス主義思想の核心は、その「哲学」にある。この「哲学」において、科学的認識と政治的実践との弁証法的統一の基盤が与えられるのである。ところが、従来の日本のマルクス主義は、かかる基盤を欠いていたために、理論としての経済学的研究と、実践としての社会主義運動との間には、大きなギャップがあった。櫛田や福本は、この点に注目し、櫛田は科学的認識の面から、福本は政治的実践の面から、いずれもその基盤にあるマルクス主義「哲学」を、すなわち「唯物史観」＝「唯物弁証法」を見出してきた、といってよいであろう。

ところで、河上がこうした「唯物史観」の理解を阻まれていたのは、彼が「哲学」を苦手としていたからだというよりも、むしろ彼がその「宗教的体験」を通して、すでに自己流の唯心論的な「哲学」を設定していたからだといえよう。われわれが見てきたように、河上においては、「学」はたんに「学のための学」でありえず、どこまでも「道のための学」でなければならなかった。理論は、どこまでも実践のための理論でなければならなかった。このことはむしろマルクス主義の基本的性格と一致している。ところが、河上においては、その「道」というのは、たんに政治的実践の基準でありえず、どこまでも倫理的実践の基準でなければならなかった。しかもこの倫理的実践の基準は、彼の「宗教的体験」にもとづいて「絶対的利他主義」として把握され、さらに彼の「儒学的教養」にもとづいて唯心論的な「人道主義」として設定されていたのである。

したがって、河上においては、逆にマルクス主義はかかる「道」に基底する「学」として、たんなる「経済学」として研究され、それ自身の「道」＝「哲学」に遡って理解されえなかった。同時に河上においては、政治的実践は倫理的実践の中に吸収・還元して把握され、その上で科学的認識との連関構造が問題とされてきたのである。河上の主題は、科学的認識と政治的実践との統一構造でなく、科学的認識と倫理的実践との統一構造に置かれていた。ところが河上は、マルクス理論の中に、このような主題に対する明快な解決を見出しえず、その統一構造を説明する論理として、新カント派的・経験批判論的な論理を輸入してきたわけである。

しかるに今、河上は、櫛田や福本らの批判によって、こうした「調和的・相関的な統一」の論理が、マルクス学の基底する「弁証法的な統一」の論理と全く別のものであることに気づいた。と同時に、彼は、こうした誤りの由来するところが、彼自身の中にある「抜き難き人道主義の病」にあることに気づいたのである。しかし、この「人道主義」たるや、河上にとっては、いかに櫛田や福本の批判を受けようとも、そう手軽に清算しえないものである。なぜなら、その基底は彼のいわゆる「大死一番」の体験にあり、二十年来彼の思索と生活の支柱となってきたものだからである。故に河上は、新たに「唯物史観」を「肚の底から納得しうる」道を、自己の求道の課題として設定せねばならなかった。このような問題意識の故に、彼は、櫛田や福本らとは異なった道を、マルクス主義への特殊な道を歩まざるをえなかったのである。

さて、われわれは今や河上論の最も基本的な問題に入ってきたようである。河上は、いかにしてそのマルクス主義への特殊な道を歩んだのか。その結果、彼は、いかなる意味での特殊なマルクシストとなったのであるか。この問題を考察していくにあたり、注目すべき言葉として、私は『自叙伝』中の次の言葉をあげておきたい。

「私は、長い年月のあひだ、宗教的真理と科学的真理との対立および統一の弁証法的理解に到達することが出来なかつた。そのため私は、社会現象の科学的研究に従事するに当り、知らず識らずのうちに、宗教的真理と科学的真理との混線、心の世界と物の世界との混同、科学の世界への形而上学的唯心論の導入、かうした根本的な過誤を犯すことにより、科学的研究の途上、常に救ふべからざる混乱に陥つた。『資本主義経済学の史的発展』を公にした後、大正十三年時代に、私が「利己的活動に関する思索といふ二十年来の課題」をその機会に片付けたと云つてゐるのは、実は、科学の世界において宗教と絶縁するといふことを意味してゐるのである。それは、二十歳を越したばかりの時から、忘れることも離れることも出来なかつた宗教的真理から、断乎として自分を引き離し、暫らく之を忘却し去らんことを決意したもので、正確に云へば、この時すでに四十六歳に達してゐた私にとつて、二十年来と云ふよりも寧ろ三十年来のメタモルフォーゼであり、いのちがけの飛躍であり、繭を破つて蝶に化したものなのである。」（「自画像」『自叙伝』一――傍点筆者）

私はここで、とくに傍点を付した部分に注意しておきたい。彼はここで「科学的真理」から「宗教的真理」を引き離すこと、そしてこの「宗教的真理」を「暫らく忘却し去らんことを」決意している。「唯物史観一本」で行こうということは、河上にとって、「科学的真理一本」で行こうということを意味した。「道」から「学」へである。そして「学」における「道」を、まず忘却して出直そうとした。ただし暫らくである。河上は、従来の「道」を否定してマルクス主義に進んだのではない。ただ暫らく「学」に徹底することによって、「道」の究極的な再建を意図したのである。

それは、言いかえれば、「実践」の宗教的・倫理的な側面、すなわち個人的・主観的な側面を暫らく忘却することによって、その社会的・客観的な側面の徹底的把握を、すなわちその面における「科学的認識と政治的実践との弁証法的統一」の把握を意図したものといってよい。かくして、この時以来、河上の著作からは、その個人的・主観的色彩は一切消え失せることになる。マルクス主義の客観的な(忠実ではあるが、公式主義的な)紹介・解説がその全面を蔽うことになる。しかしそれを以て河上の「求道」の放棄ないし安住とみることはできない。それはあくまでもその「求道」の一つの過程であったとみるべきである。

八 「唯物史観に関する自己清算」

「繭を破つて蝶に」、それが河上の決意であった。その決意から、『資本論入門』の著者としての、そしてまた「獄中独語」の筆者としての河上が生まれてきたのである。白き嵐の中に、真紅の翅を拡げて飛ぶ一羽の蝶が生まれてきたのである。その蝶はもはやたんに書斎の中の「マルクス学者」ではなく、街頭に闘う求道の「マルクス主義者」であった。こうした「繭から蝶へ」の転化過程については、紙数の関係もあり、詳説をはぶかねばならない。ここでは、櫛田や福本からの批判に対して、河上がいかなる自己清算の過程をたどり、同時にいかなる反批判を展開していったかについて、若干ふれておくに止めよう。

まず、福本に対する関係からみよう。福本の河上批判は、なお精力的に続行された。大正一五年（一九二六）一月、河上は「マルクスの謂ゆる社会的意識形態について」（『経済論叢』第三二巻、第一号）という論文を書いたが、この論文に対しても福本はやはり『マルクス主義』誌上で痛烈な批判を加えた。* そして同年発行の『唯物史観と中間派史観』に収められた「河上博士の唯物史観より分離せざるべからず」という論文では、河上説を以て「哲学上の中間党派」を代表するものとし、そのイデオロギー的基盤は「中間的」存在たる「小有産者」層にあると断じ、これと分離することによってのみ、「無産者」層のイデオロギーたる「唯物論哲学」は純化されると説いた。

＊「河上博士最近の発展――『マルクスの謂ゆる社会的意識形態について』に答ふ」（『マルクス主義』大正一五年三月）、「資本論の構成並に範囲について河上博士に答ふ」（同上、大正一五・六）

このような批判に対して河上は、前述のようにしばらく慎重な態度を持していたが、その間に新帰朝の三木清について「哲学」の基礎的な勉強を続け*、遂に昭和二年（一九二七）に至って、『社会問題研究』誌上に「唯物史観に関する自己清算——従来発展せし見解の誤謬を正し、かねて福本和夫氏の批評に答ふ」（その一からその十まで『社・研』第七七冊—第八九冊、昭和二・二—三・一二）を連載しはじめた。この長論文において、河上は、はじめは三木哲学に近い見地からマルクス主義解釈を試みているが、この傾向は「その四」以後しだいに克服されている。全体として、福本がブハーリン的であるのに対して、河上はデボーリン的である。** 福本に対する反批判は、必ずしも明快とはいえずかなり手こずった跡がみられるが、ともかくも逐次その所説を批評して、ほぼその目的を達している。その反批判は、主として福本の「唯物弁証法」の把握の仕方に向けられている。福本は「唯物弁証法」なるものを、マルクスが『資本論』（第一巻第二版序文）で認いた「下向—上向」という研究と同一視したが、河上はマルクスの所説を検討して、福本説が「幻想」にすぎないことを明らかにした（「その七」）。そして、河上がこうした哲学的反批判を試みている間に、昭和二年七月にはコミンテルンの「二七年テーゼ」が発表された。それは、いわゆる「福本イズム」の革命理論的批判であって、その「分離結合論」＝「理論闘争主義」の誤りを鋭く指摘したものであった。「福本イズム」の時代は、このテーゼの承認とともに終った。

＊「哲学」研究に志した河上は、まず当時京大文学部教授であった西田幾多郎に指導を受けようとした。河上が主唱して、経済学部の有志で西田・田辺（元）らを招き、研究会を開いたこともあったが、これは「モノにならず中絶した」ようである（作田荘一『時代の人河上肇』）。次に河上は、西田の推薦により、三木清の指導を受けて「ヘーゲル弁証法」の研究をはじめた。河上・三木・恒藤（恭）・石川（興二）といったメンバーで、『ドイツ・イデオロギー』の研究会も開かれた。出席者の一人恒藤氏は、「三木君の鋭い明快な議論や説明に、河上さんは熱心に傾聴されたが、どうも双方がしっくりと気もちが合ふといふ風ではなかった」と回想している（「河上さんの面影」）。その頃の三木については、宮川透著『三木清』（本双書既刊）に詳しい。

＊＊　当時の河上は、デボーリン（A. Deborin）の解説を通して、しだいにレーニン主義の理解を深めつつあった。『レーニンの弁証法』（大正一五年三月）、『労農ロシヤの社会主義的建設』（昭和二・六）は、いずれもデボーリンの訳書である。因みに、当時の三木の諸論文にも、かなりデボーリンを利用した痕跡が見出される。

さて、河上は、このようにして、福本への反批判を達成したわけであるが、その自己清算の方向に関しては、逆にかなり基本的に「福本イズム」の影響を受け、それとその功罪を共にしている点が少なくないと考えられる。まず「福本イズム」から受けた影響のプラス面を考えてみると、それは㈠「マルクス主義経済学」＝「資本論」の理論的基礎にある「マルクス主義哲学」＝「唯物弁証法」を確認するに至ったこと、㈡同時にこの「唯物弁証法」を「マルクス主義的実践」の理論的基礎として確認するに至ったことである。しかし、こうしたプラス面の裏には、つぎのようなマイナス面も併せ含まれていたと考えれる。らそれは、(i)「唯物弁証法」の把握が、事実の認識を通してよりも文献の解釈を通して行われる傾向が強かったため、現実から遊離した「文献主義」的観念論、実践によって自らを検証しようとしない「公式主義」的観念論に陥る弊があったこと、(ii)このように「文献主義・公式主義」的に把握された「唯物弁証法」の理論が、ただちに天下り的に「科学的認識」や「政治的実践」の基準とされたため、かえってその認識や実践の健全な発展を阻む弊があったことである。

むろん、こうした諸欠陥の責任は、たんに福本個人に負わせるべき性質のものでなく、当時の日本のマルクシストのほとんどすべてが負うべき性質のものであり、むしろ当時の歴史的段階からみてほとんど不可避的な性質のものであった、と言うべきであろう。それは、日本のマルクス主義思想が、直訳的移植の段階から、日本の現実に根ざした自覚的形成の段階に発展していくために、通過せざるを得なかった移行過程だったのである。冷静な櫛田は、こうした欠陥を見ぬき、あえて政治的実践の場に出ることを避け、ひたすら科学的認識の発展に精魂を打ちこんだ。しかし河上の情熱は、少年時代以来の経世的・志士的な情熱は、そうした態度をいさぎよしとしなかった。彼は、櫛田のそうした態度を「マルクス主義者」としてあるまじき態度として非難し、あえて最も不得手な政治的実践の場に躍り出た。それは当然予想されるように、政治的実践としては、きわめて素朴・

単純な実践、いわば「赤ん坊ないしは少年の実践」（大内兵衛「マルクス主義の開花期」、『エコノミスト』第三六巻第三三号）にすぎなかった。しかしそれは、一マルクシストの倫理的実践としては、比類なき純真・高潔な実践、いわば「殉教者的な実践」でもあった。まさしくこの点に、「マルクス主義者」河上の悲惨と偉大とを見出すことができる。

「マルクス主義者」河上について考察しようとする場合、われわれはこうした悲惨と偉大との両面を正しくみなければならない。その一面のみをみて、彼は結局「マルクス主義のチンドン屋」たるにすぎなかったとみることも、あるいは「マルクス主義の模範聖者」に祭り上げることも、いずれも正当な評価とはいえないであろう。そして同時に、われわれは、こうした悲劇と光栄とは、たしかに河上の個人的資質にも由来するが、むしろそれ以上に当時の日本の「マルクス主義者」が直面せざるをえなかった歴史的境位に由来するものであることを、見落してはならないであろう。当時の日本のマルクス主義は、ようやく直訳的移植の段階から自覚的形成の段階に進みつつも、一方ではその理論信仰傾向の故に、他方では当局の暴力的弾圧の故に、ほとんどその健全な発展の培養土を失いかけていた。したがって個々の「マルクス主義者」たちは、その理論の大局的真理性に対する確信を堅持しつつ実践を続けていくためには、ほとんど「殉教者」的な努力を要求されていた。言いかえれば、その政治的実践は、極端な倫理的緊張を要求されていたのである。河上のもつ個人的資質は、まさにこのような境位において、その長所も短所も極度に発揮されえた、ということができよう。

ともかく河上という蛹《さなぎ》は、そういう季節に繭を作り、その繭を破って蝶と化したのである。その蝶は、白き嵐に抗して、幾度かよろめきながら、しかしその翅の傷つき折れるまで、力のかぎり飛び続けた。われわれは次にその悪戦苦闘のさまを、そしてそれによって河上がいかなる「道」に到達しえたかを、見とどけねばならない。

第六章　白き嵐に抗して

一　京都学連事件

河上が「唯物史観に関する自己清算」を果しつつあった時、つまり「繭を破つて蝶に」なろうとしていた時、「白き嵐」は刻々とその身辺に迫りつつあった。大正一五年（一九二六）一月、いわゆる「京都学連事件」に関連して家宅捜索を受けたことは、その前ぶれであったとみることができる。この事件は、その前年、大正一四年（一九二五）四月に公布されていた「治安維持法」の最初の大規模な適用であった。学生運動の尖鋭化を恐れた当局は、この法案をまず学生運動の弾圧に適用したわけである。この時、京大では全国で最も多数の学生が検挙された。前章で述べた「社会科学研究会」の中心メンバーたち、岩田義道・淡徳三郎・鈴木安蔵ら二〇名が検挙された。河上宅は、この事件の余波を受けて、捜索されたのである。当時の京大総長荒木寅三郎は、こうした事態に狼狽し、とくに社研の処置に窮したあげく、一五年二月に、以後学生の「研究会」はすべて指導教授を必要とするという規定を設け、河上に対して、問題の「社研」の指導教授たることを懇請した。*この時、河上が渋々それを引き受けたことが、後に辞職勧告の理由の一つとされたのである。

＊　当時、厄介な「社研」の指導教授にはなり手がなく困惑した荒木は、河上を呼んで、「いかなる責任をも負はさぬ」ことを前提としてその就任を懇請した。その際、荒木は「どうぞ君、引き受けて下さい」と言ったとたんに椅子を離れて、「その禿げ上つた巨頭をほとんど地につかんばかりに下げた。」これを見た河上は、「周囲の壁に対しても恥しいほどの卑屈さ」を感じて厭な気分になったが、同時にその様子がいささか「気の毒」にもなつて、その願いを承諾した。

しかし、この「平身低頭」は、荒木の「処世術」の一つにすぎなかった。二年後に、同じ荒木総長は、河上に対して、「彼が指導教授たる『社研』会員から起訴者が出た」ことを理由の一つとして、その辞職を勧告した。「もし私が市井の無頼漢であつたなら、あの時私は、彼の大きな禿頭に力一杯の鉄拳を喰らはして立ち去つたであらう」と後に河上は記している（「荒木寅三郎の頭」『自叙伝』五）。

「学連事件」に対する報道は、予審終結まで一切禁止されていた。その間、大正一五年九月一一日、河上はたった一人の男の子、政男を失った。生来病弱だった政男は、すぐれた才能の萌芽を示しながら、二四歳で病歿したのである。河上の落胆は甚しかった。しかし、その悲しみから立ち直った時、彼は一種の「身軽さ」を感じていた。もう気がかりなことは何もない、思い切って踏みだすばかりだ、という感じであった。政男の告別式を終えた翌九月一五日、河上は、ようやく解禁となった「学連事件」に関する記事を目にした。＊

＊　当局の発表によると、この事件は、「日本帝国の根本的組織に大変革を加へ、共産主義社会を実現しよ

う と企図」した学生たちが、「密議」を開いて、「暴力革命の実行に着手すべく決議」したことになっている。しかし、当局がその証拠物件としてあげえたのは、わずかにピストル一挺と、革命思想宣伝パンフレット四〇部にすぎなかった。

まもなく、京大文学部助教授和辻哲郎は、『京大新聞』紙上に、この事件に関する「所感」を発表し、

「今度暴露した事件が青年らしい空想に過ぎぬか、或は具体的な実行の着手であつたかは、自分には判断がつかない。恐らく双方の混合ではなかつたかと思ふ。……現在の法律に欠陥があるといふこと、及び法律の運用に欠陥があるといふことと、法律そのものの権威とは区別されなくてはならない。我々は国法に対する尊敬の故に、不正な刑罰を平然として受けたソクラテスの態度を崇高として感ずる。……マルキシズムや、レーニズムの『研究』は確かに必要である。併しロシアに於ける暴力革命の模範をその儘に模倣しようとすることは果して自由なる研究であらうか。……『社会科学』の『研究』を標榜して実はレーニズムの信仰の下に階級争闘の戦略を講ずるのであるならば、科学或は研究といふ語は妄用である。」(「学生検挙事件所感」、『京大新聞』大正一五・九・二一)

と述べ、学生を戒めた。これに対して、河上は、かつて訣別の辞を呈された「社研」の学生たちを擁護して、決然として論争を挑んだ。彼はまず、和辻の学生に対する批判が、「今度暴露した事件」が「恐らく双方の混合ではなかつたかと思ふ」といった推測を前提としており、しかもその推測が事実の認定を誤っていると述べ、さらに「学生に向つて暴力の非なることを説諭されてゐるあなたが、それら学生が暴力を蒙つたことを等閑に附して居られるのは、何故ですか」と問い、

「あなたが模範とせよとされるソクラテスと、今度問題とされた学生と、その間に果してどれだけの差異がありませう。ソクラテスは何をしたか。第一に彼は民主政治に反対し、これが現実を忌憚なく批評したといふのですが、問題とされた学生も、資本主義政治に反対し、これが現実を忌憚なく批評せんとしたものではないでせうか？　ソクラテスは、第二に、自由に現在の迷信を指弾したといふのですが、吾々の現に住みつつある商品生産の社会には、社会関係についての種々なる迷信がある。それをマルクスは商品世界の魔術性といふのであるが、件の学生達等は、正にその迷信を打破せんとしたのではないでせうか？　ソクラテスは、第三に、世人の執つてゐる学問の方法の誤謬を非難し、新教育を主張したといふのですが、社会科学研究会の会員は、正に学問の方法として唯物弁証法を採り、彼等が真の科学と信ずるところのものによる新教育を主

張したのではないでせうか?……治安維持法が悪法であることは、多くの人々の主張するところです。だが、たとひ悪法であつても法である以上、その法に基いて有罪の宣告を受けた以上、彼等もまた恐らく平然としてその刑罰を受けるでありませう。……しかるにソクラテスの態度のみ、あなたに『崇高として感ぜらるる』ことを、私は不思議と致します。あなたを数千年の昔にかへしたならば、あなたも『アテーネの衆愚』と一緒になつて、ソクラテスを非難されることになりはしないでせうか?」(「学生検挙事件について(和辻哲郎氏に寄す)」、『社・研』第七五冊、大正一五・一二)

と反論している。これに対する和辻の「答え」、およびその「答え」に対する河上の「感想」が、『社会問題研究』(第七六冊、昭二・一)に載せられているが、ここで注目される点は、学生を弁護する河上の語調の中に、彼自身の決意の表白がうかがわれる点であろう。この時学生たちに適用された「治安維持法」は、後に河上自身に対しても適用されることになる。ここで、この法自体が「悪法」であることを力説しつつ、しかも和辻の言葉を受けて、「たとひ悪法であつても、平然としてその刑罰を受ける」ソクラテス的覚悟について論じている河上の語調は、あたかも迫りくる自らの運命を予感しつつあるかのごとくである。

二　京都帝大辞任

昭和二年（一九二七）は恐慌の年であった。そしてまた「岩波文庫」発刊の年でもあった。それは、岩波茂雄が不況打開策として思いついた企画であった。岩波はこの「文庫」の中に『資本論』の翻訳を入れることを思い立ち、河上の所にその仕事をもちこんだ。河上は、櫛田の協力を望んだが、彼が断ってきたため、宮川実と共訳することにした。当時の櫛田宛の手紙で、河上は「現在の職にあつては急に仕事もはかどりますまいが、物騒な世の中のことですから、いつ現職から離れるとも限らず、一つは万一の場合の考慮も加はつて、かかる大事業を引受ける決心を致しました」（昭和二・八・一〇付、大内編『河上肇より櫛田民蔵への手紙』）と語っている。この言葉にも、やはり迫りくる運命の予感が感じられる。この岩波文庫版『資本論』の第一分冊が出たのは、昭和二年一〇月一日であった。初版一〇万部を印刷し、河上は『資本論』大衆化の実現として心から喜んだ。しかし当時の読者の中でそれを最後まで読み通し、その内容を理解しえた者は少なかったであろう。

同じ一〇月頃、『マルクス主義』の姉妹雑誌を出していた「政治批判社」によって、『マルクス主義講座』の刊行が企てられた。大山郁夫とともにこの講座の監修者たることを依頼された河上は、それを承諾し、予約募集のためのパンフレットに短文を載せた。* この文章は、まもなく枢密院で問題となり、当時の文相水野錬太郎は、京大総長荒木を通して、その取消しを要望してきた。もとより河上は承諾せず、形勢不穏とみた当時の経済学部長神戸正雄は、いち早く部長職を辞してしまった。一一月末に、河上は八年ぶりで上京した。やはり、この『講座』刊行会主宰の講演会に出席するためであった。この講演会は青山会館で行われ、まず立った大山郁夫は、十分間位で臨監の警官から中止を命ぜられた。次に立った河上は、「稀有遭難の時代」と題して演説したが、四、五十分して「東の空はすでに紅くなっている、夜はまもなく明けるであらう」というところで、中止を命ぜられた。これが、河上にとって、最初の演説中止の経験であった。

＊　この文章は、「私は真理の勝利の確信者」であるという言葉にはじまり、「かかる信念の下に、過去三十年に近き学究生活を続け」てきた私は、「マルキシズムのみが、少くとも私の専門とする領域にあつては、人間の意識から独立せる客観的真理の真の把握である。」と信ずるに至ったことを述べ、この「マルキシズムの理解」こそ「塗炭に苦しむ万人の自己救済」のための「不可欠の一条件」であろうと説いている。こうした文句が、後に「不穏当」として、やはり辞職勧告理由の一つとされたのである。

それから二ヵ月の後、昭和三年（一九二八）一月末、河上は四国に出かけた。初の普選に立候補した大山郁夫を応援するためであった。当時、大山は労働者農民党の委員長であり、この党は実質的には日共の指導下にある合法政党であった。「マルクス主義への道」において、すでに政治的実践への至上命令を意識しはじめていた河上は、この友人の立候補を無関心に見送るわけにはいかなかった。* 当時の香川県下における弾圧は、「書斎人たる私には恐しいほどのもの」(「櫛田民蔵君に送れる書簡についての思ひ出」)であった、と河上は語っている。ともかく、これが、従来書斎の中に閉じ籠っていた河上にとって、最初の実践運動関与の経験であった。しかし、こうした河上の応援にもかかわらず大山は落選した。全国で労働者農民党が立てた四〇名近くの候補者中、当選したのは京都の水谷長三郎・山本宣治の二人だけであった。

* この時の心情について、河上は「演説嫌ひ、講演嫌ひの私も之は已むを得ないと思つて、単身出張し、あちらこちらに出向きながら、毎日演壇に立ち、その度毎に中止を命ぜられた」(『自叙伝』一)と書いている。体力の乏しい河上は、中止の声を「助船」のように聞いて「ほつと安心」したり、目前の警官と聴衆との乱闘に、「茫然として立ち竦ん」だりしている。このこともまた、辞職勧告理由の一つとなった。

それからさらに二ヵ月の後、昭和三年(一九二八)三月一五日未明から、全国にわたって共産党・労農党・労働組合評議会・無産青年同盟の関係者の一斉検挙が行われた。これがいわゆる「三・一五事件」であり、普選による無産政党の台頭に機先を制した大弾圧であった。理由は日共の主義行動が「国体の変革」をもくろむもので、「治安維持法違反」だというにあった。検挙者数千六百名。* この事件を契機として「白き嵐」はしだいにその猛威を振いはじめたのである。

* 主な検挙者をあげると、佐野学、福本和夫、佐野文夫、鍋山貞親、志賀義雄、徳田球一、野坂参三、浅野晃、淡徳三郎、岩田義道らである。

この事件の余波は、各大学の研究室にも及んできた。事件直後、文部省は各大学の総長に対し、(1)事件の関係者を出した「社研」の解散、(2)いわゆる「左傾教授」の追放を強要してきた。この命を受けた京大総長荒木は、経済学部教授会の同意を得て、河上に辞職を勧告してきた。四月一六日のことであった。その理由は、前述の三ヵ条、すなわち、㈠『マルクス主義講座』のパンフレットに不穏当な個所があること、㈡香川県での演説に不穏当な個所があること、㈢指導教授をしている「社研」から治安紊乱者が出たこと、などであった。河上は、その理由のすべてを不当としたが、ただ「教授会の決議」だという点で、「大学の自治」尊重のため辞職を決意し、翌一七日辞表を提出した。すでに「万一の場合」の覚悟をきめていた河上は、きわめて平静に、淡々として大学を去った。その心境は、当時彼が『京大新聞』に寄せた次の一文の中に示されている。

「京都大学を去つた今日、私の最初に発する言葉は、その京都大学に対する感謝の辞である。明治四十一年、一経済雑誌の主筆たりし東大出身の私を招いて、法科大学の講師たらしめたものは京都大学である。……爾来殆ど二十年の長きにわたり、私の如きものが安んじて斯学の研究に耽ることが出来たのは、私にとつて実に望外の仕合であつた。この長き期間にわたる研究は、私の生涯に決定的な影響を与へた。それは一生を賭するに足る目標を私に授けてくれた。それのみでなく、私は大学における生活のおかげで、心から尊敬しうる若干の友人をも知りえた。私はこれらの賜物を大学に向つて深く感謝せねばならぬ。……私は何よりも先づ真理を念とせねばならぬことを固く心に誓うた。天分の乏しきは如何ともし難いが、ただ俗念のために自分の学説を少しでも左右することがあつてはならぬと、この事をのみ常に心に掛けた。かくて私の学問は――正直にいへば恐る恐る――次第に一定の方向に進んだが、私が斯かる進路を採ることを余儀なくされたのは、歩一歩、主観的には私の研究の不可避的な結果である。だから、もし私の現在の学問的立場が常識的に大学教授たる地位に適せぬといふならば、それは私からいふと、私が何とかして大学教授たる責任を忠実に果さんと努力した結果に外ならぬのである。かかる意味において、私は私自身に弁証法的転化をなし了へた、とも言へるであらう。……大学教授としての私の生涯が今や終りを告ぐるに際し、微力何の成すところなかりしは深く愧づるが、顧みて甚しく良心に愧づるところなきは、自ら満足するところである。今や責任ある地位を去つて、実に力にある重荷をおろした心地がする。」(「大学を辞するに臨みて」昭和三・四・二一)

真情溢るる文章というべきであろう。「新たなる旅」に出た河上にとって、大学の講義や学内の雰囲気は、すでに「重荷」になっていた。この機会にその「重荷」をおろして一服し、さらに勇を鼓して『資本論』への登攀に専念しよう、というのが偽りない彼の心境であった。「荷をおろし峠の茶屋に告天子《ひばり》きく」二〇年ぶりに、彼はこんな句を作ってみたりした（櫛田宛書簡、昭和三・五・一付）。しかし、この「峠の茶屋」での休息も、そんなに永くは続かなかった。一旦彼をまきこんだ「白き嵐」は、彼を書斎の中に安住させてはおかなかったのである。

＊　この時、河上とともに大学を追放されたのは、東大の大森義太郎助教授、九大の佐々弘雄、向坂逸郎、石浜知行の三教授であった。なお、この事件に対して、多年にわたる河上の論敵福田徳三は、次のような一文を『東京新聞』（昭三・四）に寄せて、政府の不当をなじり、河上の辞職を痛惜した。「……帝国大学の二、三に対して加へられた圧迫に至つては、実に常識をしては判じかねること許りである。少くとも河上博士の如きは如何なる場合にも国法にふるるが如き行為を敢てする人でないことを二十余年にわたる学交において熟知してゐる。今二十年近く住みなれた京大を去る時、博士は泰然自若として、あたかも挙国の神経昂奮症に一服の鎮静剤を投ぜられるが如き態度を示された。……京大は非マルクス主義の学者を河上に対抗させて講義させればよいのであつて、人材多き京大にして出来ないことはない。マルクス主義の第一人者を去らしめたことは、我国学問の進歩のために痛惜おくあたはざるものがある。」（「笛吹かざるに踊る」）

三　『経済学大綱』

講壇から書斎に戻った河上は、さしあたり『資本論』研究に没頭した。昭和三年（一九二八）四月一日、すなわち京大辞職直前に、大正末期以来の研究成果である『資本論入門』の第一分冊が発行されていた。『資本論』の翻訳の方も、同三年五月に第四分冊を出した。同じ五月には、例の『マルクス主義講座』第六巻の中に、「マルクス主義経済学」が掲載され、この論文は八月に単行本となった。そして、同三年一〇月には、経済学者としての彼の代表作の一つである『経済学大綱』(『経済学全集』第一巻)が刊行された。*

* この書物は、上篇「資本家的社会の解剖」と下篇「資本家的経済学の発展」の二部より成る。上篇は、京大における昭和二年度の、つまり最後の「経済原論」の講義ノートを整理したものであり、下篇は、旧著『資本主義経済学の史的発展』に加筆したものである。

この『経済学大綱』は、先の「大学を辞するに臨みて」に言う、彼のブルジョア経済学者からマルクス主義経済学者への「弁証法的転化」を記念する道標であった。その上篇は、構成も内容も、すっかり『資本論』の解説そのものである。このことについて、彼は次のように語っている。

「要するに私は、最初ブルジョア経済学から出発して、多年安住の地を求めつつ、歩一歩マルクスに近づき、遂に最後に至つて、最初の出発点とは正反対なものに転化し了へたのである。かかる転化を完了するために、私は京都大学で二十年の歳月を費した。このことは、私の魯鈍を証明するに外ならぬが、しかしまた、私の現在の立場をもつてマルクス説に対する無批判的な盲信に立脚するものとなす一部の世評に対し、或ひは一部の抗弁となすに足るであらう。顧みれば、マルクス学説への私の完全なる推移は、軽蔑に値するほどの多年に亘る躊躇と折衷的態度との後に、纔に実現されえたものである。だが思索研究の久しきを経て漸く玆に到達しえたる代りには、私は今たとひ火にあぶられるとも、その学問的所信を曲げがたく感じてゐる。」（『経済学大綱』序）

こうした言葉は、彼の思想的発展の跡をたどってきたわれわれにとって、充分うなずくことができよう。しかし、われわれにとってより興味深いのは、本書の下篇に旧著『史的発展』を再録することについての彼の言葉である。彼はまず「無我愛」以来の思想的遍歴を回想し、「利己的活動是認の思想の歴史的変遷の叙述、かかるものとしての先の旧著は、なお若干の価値を有ち得るであらう」と言う。なぜなら、そうした叙述は、資本主義的倫理の盛衰の過程を示すことを通して、逆に社会主義運動のもつ倫理性に照明を与えることになるからである。彼は言う。

「そこにいふところの利己的活動の是認なるものは、本質的には、資本家の利己的活動の是認なのである。封建社会から資本家的社会への推移の時期に当つては、ブルジョアジーは正に人類の労働の生産力の発展を代表する立場に立つてゐた。当時の彼等は一つの革命的使命を帯びてをり、その使命の実現のために、歴史は、何等拘束されることなき活動の自由を、彼等に保証せざるを得なかつたのである。封建的な道徳思想に反抗して『私悪は公利である』といふ主張の起つたのは、人間の生活の物質的諸条件の上に起れる変革が、人間のイデオロギーの上に反映したものに外ならぬ。かかる思想は資本家的生産の発展につれて発展し、その崩壊期に及んで崩壊せんとしてゐる。」(同前)

ここではもはや、櫛田によって批判されたような「人道史観」は拭い去られている。幾度かの「自己清算」を経て、彼の「唯物史観」は、遂にこのような純度にまで到達しえたのであった。しかも、そのことは彼をして、彼が従来明白に認識しえず、まさにその故に空想的・唯心論的な「人道主義」を導入せざるをえなかった、社会主義運動のもつ倫理性に対して、新たな眼を開かせてもいるのである。彼は続けて言う。

「今や第二の変革期に当り、新たにプロレタリアートがブルジョアジーに代つて、人類の労働の生産力の発展を代表する立場に立たんとしつつある。社会形態変革の歴史的使命は、すでにブルジョアジーからプロレタリアートに推移した。しかもプロレタリアの一切の活動は、強力的にまた精神的に、全般的な拘束を受けてゐる。罷業、怠業、その他プロレタリアの企てる一切の階級闘争は、いづれも皆道徳的に非難されてゐる。だが千七百年代の初葉に『私悪は公利である』といふ思想が起つたのと同じやうに、吾々の住む現在の社会には、『労働者階級が自己の利益のために闘ふのは、人類全体の利益のために闘ふのである』といふ思想が起るべきであり、また現に起りつつある。階級社会においては、公益の実現は必ず私益の実現を媒介とするのである。」

（同前——傍点筆者）

従来の河上においては、個人的「利己主義」の否定は、無媒介的に人類的「利他主義」に直結させられていた。そこに空想的「人道主義」の成立基盤があった。ここでは、その個人的「利己主義」の否定は、階級的「利己主義」の肯定を媒介として、その意味で弁証法的・媒介的に人類的「利他主義」と連結させられている。その連結の論理は「唯物弁証法」である。この新たな論理的基盤において、従来の空想的「人道主義」ははじめて清算され、個人的・利己的活動是認の思想に転化されうることになる。こうした論理そのものが正当であるか否かについては、なお問題の余地があるかもしれない。しかしそれが、マルクス的・唯物弁証法的論理であることについては、疑問の余地はないであろう。本書は、その意味で、彼の唯心論的人道主義者から唯物論的社会主義者への「弁証法的転化」を記念する道標でもあった、ということができる。彼はまさしく、本書においてマルクス学の「大綱」を把握しえたのである。

四　「新党結成大会」と山宣の死

しかし、われわれがみてきたように、河上という人物は、学問研究に専念しようとすると反対に「却て之を抛擲すべきではないか」という疑問にとりつかれ、さて実践活動に突入していくと逆に学問研究への郷愁を覚えるといった、矛盾的な性格の持主であった。これは矛盾といえばいえるが、実はそのことが彼の「求道」の動的構造であった、とも言えるのである。マルクス主義への道においても、そのことは変らなかった。大学の講壇を去り、『資本論』研究に没頭しようとした河上の耳には、いつしかまた非利己的実践への呼び声がひびきはじめたのである。ただし、今度はあのバイブルの言葉としてではなく、エンゲルス・レーニンの言葉としてであった。

では、それはどういう言葉であったか。河上は『資本論』第三巻への序文で、エンゲルスが語っている次の言葉に注目した。そこで七五歳のエンゲルスは、『資本論』の遺稿整理が遅れた理由として、老齢のための視力減退と実践運動の多忙をあげ、「かうした（実践運動に関する）仕事は、われわれにとつては拒むことの出来ない、即刻果さねばならない義務である」とし、「現代のやうな変革期において、社会公共の問題に関する領域では、単なる理論家は、断じて真の理論家ではなく、反動の弁護者たるにすぎない」と述べていた。河上はまた、『国家と革命』第一版の序文で、レーニンが語っている次の言葉にも感動した。それは、「『革命の諸経験』について書くよりも、それに参加する方が、より愉快であり、有益である」という言葉であった。

こうした言葉を、河上は政治的実践に対する至上命令として受けとった。河上は、「現代のやうな変革期」において、「真のマルクス主義者」たるためには、エンゲルスやレーニンが教えるように、「拒むことの出来ない義務」としての政治的実践に参加せねばならないのではないか、と考えはじめた。河上の実践活動参加については、多くの知友がほとんど一致して、自己の学者的素質を顧みない軽挙であり、マルクス主義の説く「理論と実践の統一」を早呑みこみした妄動ではなかったか、といった批評を下している。しかし私は、必ずしもこうした批評に与しえない。たしかに河上の資質は実践家よりも理論家であり、『資本論』研究という理論家的実践はそれ自身大きな実践的意義をもっている。だが、こうした事柄について誰よりも深く認識していたのは、実は河上自身だったのである。にもかかわらず、彼は政治的実践に踏み出したのである。このことを彼に決意させたものは、こうした言葉に対する一時の感激や、たんにマルクシストとしての義務感だったのではない。むしろそれよりも、当時の日本の情勢に対する彼の危機意識であり、より根底的には彼の求道者としての義務感であった、と私は考える。

では、どのような情勢が、河上にそうした危機意識をもたらしたのであるか。三・一五事件直後、労働者農民党は解散を命ぜられ、普選を契機に盛り上りつつあった大衆運動は大きな傷手を受けた。

その上、田中内閣は共産党対策を口実に「特高警察」の全国的拡充強化の措置を取り、緊急勅令で「治安維持法」の改正を断行した。それは、旧法における最高刑一〇年を死刑に改めようとする改悪案であった。この改悪案が枢密院で裁可されたのは、昭和三年(一九二八)六月二二日であった。これに対して、旧労農党有志は、新党組織準備会に拠り、その再建準備を進めていた。こうした情勢は、河上に危機意識を与えざるをえなかった。とくに、河上が政治的実践へ踏み切る際に強い発条となったのは、同三年一二月に前述の準備会の手で行われた「新党結成大会」、および翌昭和四年(一九二九)三月に右翼暴力団のテロに倒れた山本宣治の死、という二つの事件から受けた感銘であったと思われる。

まず、「新党結成大会」についてみよう。この大会は、昭和三年一二月二〇日から三日間、東京本所公会堂で開かれた。新聞でこのことを知った河上は、この大会に参加することが、エンゲルスの言う「拒むことの出来ない、即刻果さねばならない義務」ではないかという思いに捉えられた。誰に参加を勧められたわけでもなかったが、彼は思案の末、自発的に参加を決意した。しかし自発的にとはいえ、その決意は、レーニンのいうように、実践運動に参加する方が「より愉快である」からといった性質のものではなかった。その事情は、「自画像」の中の次のエピソードによく示されている。それによると、出発にあたって、妻秀は、彼の袖をおさえて上京を止めた。彼女は、おそらく直観的に前途の危険を感じとっていたのであろう。しかし彼は、その瞬間「痼癪」を破裂させて、「何を分らんことを云ふか。」と怒鳴りつけた。彼女は、「悲しいとも情ないとも云ひやうのない顔附をして」泣き出した。この時の心境について、彼は、

「此の場合、私自身が出たくなくて困つてゐたのだ、出たくはないが、出なければならぬといふ義務感があつて、それが私を押し出さうとしてゐる、その力に押され押され、やつと奮発して立つたところなのだから、それを傍から止められると、実に遣瀬ない気がして、始末できなかつたのである。」(「自画像」『自叙伝』一――傍点筆者)

と語っている。彼を政治的実践に押し出したものは、決してレーニン的な「愉快感」ではなく、むしろ「遣瀬ない」ような「義務感」だったのである。彼は政治的闘士として政治的実践に踏み出したのではなく、倫理的求道者としてそこに押し出されたのである。

この「新党結成大会」は、暗黙裡に日共を支持する大衆的会合が白昼公然と行われた例としては、戦前最後のものであった。当局は、むろん極端な弾圧を加え、羽織袴で登壇した河上の祝辞も、たちまち中止を食った。この大会が即時解散を命ぜられなかったのは、ただこの機会に無産運動家のブラック・リストを作成しようとした当局の意図によるものであった。三日目になって、ほぼその意図を達成した当局は、ただちに解散を命じ、河上をも含めて主な出席者全員を検挙した。「新党」

も、もちろん結社禁止となった。* この時、河上は最初の検束を経験したわけであるが、この経験はかえって彼に実践への勇気と自信とを与えたようである。「義務を果した」という感じが、彼をほっとさせたばかりではない。彼はいくらか「壮快感」をも感じていた。「大学教授といふものは、冬の日に炬燵に入つて暮してゐるやうなものだ。だが一度奮発して外へ出て見ると、そこでは年中炬燵ばかりかぢりついてゐる者が、夢にすら見ることも出来ないやうな、壮快な光景も展開されてゐるのだ。京都に帰つてからの私は、さう思ふ日があるやうになつた」(『自叙伝』一)と河上は回想している。

* この事件は、海外にも報道され、まもなく河上は、当時ソヴェトのマルクス・エンゲルス研究所長をしていたリヤザノフから、懇切な激励の手紙を受け取っている。

実践への意欲を燃やした河上は、翌四年一月は、『社会問題研究』誌上に「嵐の中に立ちて」と題する一文を載せ、この雑誌を従来の「個人雑誌」から全プロレタリアート組織化のための「共同雑誌」に変革する決意を表明した。次号から、その発行所は京都から東京に移され、「共同編集」の責任者は鈴木安蔵に寄託された。さて、その年の三月五日は、前述の「治安維持法」改悪案が事後承諾の形で衆議院を通過した日であったが、その夜、最後までこの悪法に反対を唱えていた旧労農党出身の代議士山本宣治は、止宿先の神田の旅館で、元巡査だった「七生義団」の黒田久二によって刺殺された。先年の選挙で彼を応援した縁をもつ河上は、ただちにその告別式に列するために上京した。遺骸の前に立った河上は、次のような「告別の辞」を読みだした。

「同志山本宣治のなきがらの前に立つて、私は謹んで告別の辞を述べる。君の流された貴き血潮は、全国の同志に向つて更に深刻なる覚悟を促し、断乎たる闘争の……」

この「断乎たる闘争の」という言葉が発音された瞬間、この弔辞は、臨監の警官によって中止を命ぜられた。それほどまでに当時の社会主義者は、発言の自由を封じられていたのである。やがて河上は、『山本宣治全集』の計画に対して、次のような文章を寄せた。

「同志山宣は科学者であつた。だが、真実の科学は、大衆の福利を増進することを窮極の目的とする。それ故にまた真実の科学者は、何が最も大衆の福利を増進する所以の道であるかを考へざるを得ない。同志山宣が、無産階級の解放運動に対して、次第次第に熱心の度を高め、遂にその死の直前には、東奔西走、席の温まるに遑なきまでの活動をなすに至つたのは、彼の科学的良心が人並勝れて鋭敏であつたがために外ならない。……同志山宣は、実に彼の一命を、この偉大なる事業に献げたのである。彼の一生は、それ故にこそ、彼が如何に偉大な科学者となつたよりも、更に遥かに偉大なるものとなつたのである。……階級闘争が未だ潜伏状態にありし時代に青年期を経過したるインテリゲンチャが、齢四十を越したる後、階級闘争の急速なる激化に順応してプロレタリヤ階級の歴史的使命の遂行に殉死することは、極めて困難な仕事である。かかる困難なる仕事を成し遂げることにより、自分の肉体をもつて『マルクス主義への道』を表示しえたる彼の全集こそは、日本の革命的インテリゲンチャのもつ一つの矜であらねばならぬ。」(昭和四・五・一)

山宣の生涯を偲ぶ河上のこの文章は、そのまま当時の河上自身の決意を示す文章にもなっている。山宣の死において、河上は自分自身の進路をはっきりと見定めたのである。この時の決意を、河上もまた死に至るまで貫いた。したがって、われわれからみれば、この文章は、「山宣」を「河上」に置き換えれば、そのままで立派に河上自身の生涯を語る文章ともなっている。しかし、だからといって、山宣は河上ではなく、河上は山宣ではない。河上の政治的実践力は、レーニンと比べてはむろん、山宣と比べても繊弱であり、したがってその実践活動は、ある意味で、より「悲壮」なものであった。

五　「新労農党」への錯覚

真の科学者として、またマルクス主義者として、山宣の如く闘い、山宣の如く斃れよう。河上はこう決意した。いわゆる「新労農党」の結成運動は、こうした決意の具体化であった。しかしその運動は、いくばくもなくして逆にその解消運動に方向転換した。この間における河上の心理的過程は、彼がかつて青年の日に「無我愛」の実践運動に飛び込み、いくばくもなくしてそこから飛び出してきた過程に酷似している。要するに彼は、錯覚にもとづいてその運動に乗り出し、錯覚に気づいてそこから離れようとしたのである。ただ今度の場合は、バイブルの至上命令の代りにエンゲルス・レーニンの言葉が呼びかけ、伊藤証信の「無我愛」運動の代りに大山郁夫の「新労農党」運動が錯覚の対象となったわけである。河上における求道の構造は、マルクス主義への道においても、かつての「無我愛」への道の場合とほとんど変っていないということができる。

エンゲルス・レーニンの言葉、そして山宣の死から、河上は「マルクス主義者としての理想的人間像」を、或いは「理想としてのマルクス主義的人間像」を受胎した。マルクス主義のこうした受容の仕方は、いかにも河上的である。そこから彼は、政治的実践への倫理的義務感に捉えられ、それを契機として実践運動に乗り出すわけである。その直接的発条となったものは、前にも述べたように、当時の日本の情勢に対する彼の危機意識であった。山宣の死後まもなく、昭和四年（一九二九）四月一六日の朝、日本共産党に対する大検挙の嵐は、再び全国に吹きまくった。いわゆる「四・一六事件」がそれである。この第二次検挙で、日本の左翼運動はほとんど根こそぎにされた。こうした危機的状況を目撃した河上は、日本共産党再建のための過渡的方便として、旧労農党に代る新左翼合法政党を結成することが、「わずかに打ち漏らされてゐる」者の「即刻果さねばならない」義務ではないか、と考えるに至ったのである。河上は、こうした意見を旧労農党書記長細迫兼光に書き送った。この手紙が細迫を動かし、さらに細迫が旧委員長大山郁夫を動かして、ここに「新労農党」結成運動が発足することになった。その意味で、河上はこの運動の「点火者」であった。「新労農党」は、昭和四年一一月一一日、大山を中央執行委員長として結党された。

この時河上は、㈠最も純粋なマルクス主義政党は共産党であると考え、㈡「新労農党」結成運動は日共再建を目的とする手段であると考えていた。しかしこうした考えは、もとより河上の主観的信念による客観的現実の理想化的把握であって、その科学的認識であるとはいえなかった。なぜなら、(i)当時の日本マルクス主義運動は、その内部にいわゆる「正統派」(「福本イズム」→「講座派」)といわゆる「解党派」(「山川イズム」→「労農派」)との対立を含んでおり、しかも日共の主導権を握っていた「正統派」にはかなり公式主義・主観主義・セクト主義といった極左的偏向が示されていた。こうした偏向にもかかわらず、或いはまさにその影響の故に、河上にとって、共産党のみが理想的にも、現実的にも唯一のマルクス主義政党と考えられたのである。次に、(ii)「新労農党」の委員長大山は、最初から「解党派」に近い見解をもち、したがって河上のようにこの党をたんに日共再建のための手段に止まるものと考えず、「共産党の直接指導を排して党独自の指導部を確立する」ことを、つまりこの新左翼合法政党の独自な発展を目ざしていた。こうした大山の意向にもかかわらず、河上は、主観的に大山もまた全く自分と同じ意向だと信じこんだのである。こうした、いわば二重の錯覚にもとづいて、河上はこの新党結成運動に乗り出したわけである。

しかし、かつての「無我愛」運動の場合と同様に、その錯覚が続いている間、河上は献身的にこの新党運動に没頭した。四年一二月には大山とともに九州に遊説し、翌五年(一九三〇)一月には、一家をあげて東京(西大久保)に移住した。全力をこの新党に献げるためであった。翌二月の第二次普選には、党の「決議」により京都第一区から立候補し、侵略戦争絶対反対をスローガンとして闘ったが、結果は落選であった。* しかも、この「新労農党」運動は、しだいにその行き詰りを露呈してきた。とくに労働組合方面において、共産系「正統派」分子との対立は不可避的となり、河上の意図した「人民戦線」的な協力の代りに、左翼陣営の四分五裂がもたらされる結果となった。五年八月には、大阪府支部連合会が新労農党解消運動の火の手をあげ、書記長細迫もこれに同調した。ようやく自らの錯覚に気づいた河上も、同年一〇月末に新労農党の即時解消、共産党第一主義を唱えて、大山らと袂を分かつに至った。かつての「無我愛」運動の場合と同様に、マルクス主義を奉じて「新労農党」運動の点火者となった河上は、マルクス主義への信念を少しも変ずることなく、否むしろその故に、逆にその破壊者に転じたわけである。

＊ この立候補は、河上自身は「嫌で嫌で仕方がなかつた」が、「党の決議なら仕方がないと諦め」てなされたものである。したがって彼は、「むしろ落選した方がいい位に考へて」選挙戦に臨み、いよいよ落選が決定した時には「ほつと一安心」し、泣いている運動員に向って「私は本当は落選した方がよいのだ」と言って、妻に注意されたりしている。政治的実践へのアンビヴァレンスを看取することができよう（「自画像」『自叙伝』二）。

のちに河上は、「私は労農党問題に関し、私が誤謬を犯したと称せらるるを厭はない。ただ心術を疑はるることを最も忌む」（『自叙伝』二）と述べている。この言葉は、すでに科学的社会主義者たることを標榜した河上において、なおその第一義的関心事が、その実践の科学的正当性にではなく、もっぱら倫理的純粋性にあったことを、明白に物語っている。

六　『資本論入門』

実践活動から退陣した河上には、なお書斎での仕事が残っていた。『資本論』の翻訳・研究の仕事である。「それは私のふるさと、暫らく異郷にさまよつた私はただこのふるさとに帰りさへすればよいのだ。」(『自叙伝』二) 当時の河上は、心からそう思っていたようである。* 実際彼は、暫くの間、その書斎での仕事に熱中した。「新労農党運動」に携わっている間にも、『マルクス主義経済学の基礎理論』(昭和四・一二)、『第二貧乏物語』(昭和四・四より昭和五・六まで『改造』に連載、昭和五・一一、単行本) が書かれていたが、その運動から離れて後は『資本論入門 (第一巻中冊)』(昭和六・二) を皮切りに、宮川との共訳書である『資本論 (第一巻上冊)』(昭和六・五) および『政治経済学批判』(昭和六・六) が引続いて刊行された。そして『資本論入門』(昭和七・一一) が、彼の公刊しえた最後の書物となった。その頃には、『資本論 (第一巻下冊)』の訳稿が清書され終り、第二巻の翻訳も着手されていたが、これは遂に日の目をみることができなかった。したがって『資本論入門』は、河上の学問的研究の最後の到達点を示す記念碑的著作となった。

* 当時、女婿羽村二喜男宛の手紙で、河上は次のように書いている。「私も愈ゝ労農党から出ました。今度は一切他との交渉を絶ち、残生を筆硯の間に費す決心です。…… 書斎での仕事なら自信がありますし、間違ひも大してせずにすむと思ひますから、今度こそは落ちつきうると考へてをります。」(昭和五・一一・四)

この『資本論入門』は、菊判九六八頁の大冊、おそらく『資本論』第一巻の世界で最も詳しい解説書といえるであろう。むろんその内容については、今日の研究水準からすれば、問題がないわけではない。しかし、それは少くともわが国における『資本論』研究の礎石であったし、現在もなおその役割を果しつつある。本書について、河上自身は次のように語っている。

「云ふまでもないことだが、本書は読者を『資本論』そのものに誘ふための一つの手引にすぎない。『資本論』の代りになるやうな本は、私には書けないのは勿論、恐らくそれは誰にも書けまい。『入門』の著者の誤解は、読者が『資本論』そのものについて正さるべきである。」(『資本論入門』序言)

本書における河上の立場は、基本的には『経済学大綱』に示された立場と同一である。本書の特色は、善い意味においても、悪い意味においても、それが大学教授風の解説書としてでなく、河上自身の革命的実践への意欲を打ちこんだ情熱的な入門書として書かれていることであろう。河上は、『資本論』を「社会革命のバイブル」として把握し、その「忠実な註釈書」を書こうとしたのである。したがって本書は、「読者を『資本論』そのものに誘ふための手引」としては、今日なお類書中の「白眉」(堀江邑一、青木文庫版「解説」)と称せられてよい。* ただ問題は、河上自身において、この『資本論』第一巻についての理論的研究が、あまりにもその実践的情熱に直結しすぎている点にある。大局的真理の洞察が、あまりにも無媒介的に局所的実践への意欲に密着せしめられている点にある。そのかぎり、河上は、彼が本書で強調した「理論と実践の弁証法的統一」なるものを、自己自身において実現しえたとはいえないであろう。

＊　事実、本書をはじめとする河上の諸著作は、国内で多数の読者をもったばかりでなく、その中国訳を通して、中国におけるマルクス学の普及・研究にも貢献するところ大であった（天野敬太郎編著『河上肇博士文献志』参照）。その意味で彼の諸著作は、後の中国革命を推進する原動力の一つともなりえた。

しかも、このように『資本論』の翻訳・研究の仕事に熱中していた間にあっても、彼は一方にその政治的・実践的な関心を失ってはいなかった。＊「必要のある場合いつでも飛び出すといふ覚悟」（『自叙伝』二）は決めていたのである。だが、河上がたとえそうした「覚悟」を決めていたにしても、当時の日本共産党がもう少ししっかりしていたならば、彼をその書斎という「ふるさと」から引き出し、その学問的研究を中絶させずにすんだかも知れない。しかし、昭和六年夏頃から、じりじりと河上に接近してきた党は、遂に昭和七年（一九三二）八月一二日、彼を再びその書斎から連れ出してしまった。その時、彼は「少しも『心に逡巡する怯《おくれ》』はもたなかったが、しかし『踊躍する競《きほひ》』をもって出かけたわけでは決してない」（『自叙伝』二）と語っている。彼はやりかけた翻訳の仕事に後ろ髪を引かれながら、地下生活に入っていったのである。

＊　そのことは、当時の義弟大塚有章宛の手紙からも推察される。「御承知の通り私は経済学の基礎理論の研究をやってゐましたが――そしてマルクス主義の政治論の方面を全く閑却してゐましたが、――これが私の致命的欠陥だったので、そのために労農党の結成に積極的な失敗をすると云ったやうな大失敗を演じ

たのだと考へてゐるために、現在の私はとかく政治方面のことに興味を有ちがちになつてゐます。」（昭和六・二・二五）

七 「共産党」入党

昭和六年（一九三一）初頭以来、日本共産党は「四・一六」以後の打撃から立ち直り、風間丈吉、岩田義道らを中心にその中央部を再建し、恐慌の深化による大衆闘争の高揚の上に、急速にその組織拡大をはかりつつあった。その資金局活動の一環として、党員杉之原舜一（日大教授）が河上宅を訪れたのは、この年の夏のことであった。党への毎月の定額の寄付を求めた杉之原に対し、河上は即座に快諾した。もともと河上は、著作活動によって得た金銭を私的に消費すべきではないという強い義務感をもっていた。そうした義務感からマルクス主義運動のためにと言われると、ほとんど無条件的に金を出し、悪質の連中からだまし取られることも度々であった。* そんなわけで、河上は党本部との連絡がつくことによって、これからは間違いなく有効な寄付ができると「すつかり安心した」のである。かくして河上は、ひたすら日常生活を切りつめ、いわゆる義理人情をも無視して、余財のすべてを党につぎ込んだ。いささか新興宗教じみてもいるが、彼自身はそこに倫理的義務感の満足を覚えていたのであった。

＊　彼と岩波茂雄との感情的衝突の由来もこの辺にあったと思われる。岩波は、昭和三年の連盟版『マル・エン全集』問題以来、河上との交渉に不愉快を重ね、遂に昭和六年五月に絶交状を発し、文庫版『資本論』その他を廃版するに至った。事情はあまり明瞭ではないが、当時河上は文庫版『資本論』の印税二割増額を要求したようである（長谷部文雄『資本論随筆』）。岩波にとっては、文庫の印税は普通一割で、『資本論』の一割五分さえ例外であるのに、この要求はきわめて横暴に思えた。ところが、河上の主観においては、この翻訳に対して彼が払った努力は特別のものであったし、しかも上述のようなカンパ支出が増大していた折でもあり、少しもやましい所なしに、非利己的に印税値上を要求したわけである。この理屈は、しかし、客観的には通用しない。両者の感情的衝突は必然の成行であった。しかし昭和二一年、河上の訃に接した岩波は、厚くこれを弔い、その葬儀にも列なった（安倍能成『岩波茂雄伝』）。

こうした日共再建の動きに対応する如く、軍部の急進分子は、国内クーデターと満州武力進出を企てつつあった。六年九月には満州事変が勃発した。翌昭和七年（一九三二）一月には上海事変が起り、同年五月には首相犬養毅が青年将校団に射殺された（「五・一五事件」）。日本は急速にファッショ化しつつあったのである。こうした状況に対し、七年五月、コミンテルンは日本共産党の綱領として「三二年テーゼ」＊を発表し、日本革命の戦略的課題を示した。日共は、全面的にこのテーゼを承認し、七月一〇日、『赤旗』特別号にその邦訳全文を掲載したわけであるが、その訳者名本田弘蔵は、河上の偽名であり、これが彼の地下の党名ともなった。

＊　このテーゼは、正式には「日本の情勢と日本共産党の任務に関するテーゼ」と言い、日本資本主義社会

における絶対主義天皇制の意義を確認し、日本革命の特質を「社会主義革命への強行的転化の傾向を持つブルジョア民主主義革命」と規定したもので、以後の日共戦略の基本的方向を決定した歴史的文書である。

河上がこのテーゼの訳者として登場するについては、次のような事情があった。まず第一に、義弟大塚有章を通して党本部との連絡が深まったことである。河上とともに労農党を去って後、共産党に入党した大塚は、まもなく上京して日共資金局の一員として活動しはじめた。自然、彼は河上と党本部をつなぐ役割を果していた。第二には、七年六月末、たまたまベルリンにいた国崎貞洞（元東大医学部教授）から、『インプレコール』誌に発表されたこのテーゼの独訳文を送ってきたことである。急いで党本部に連絡した河上は、大至急その翻訳を委嘱された。それが『赤旗』掲載の訳文となった。このようにして、彼は一方に『資本論』翻訳の筆を進めながら、一方では次第に共産党再建活動の渦中に巻き込まれつつあったのである。

河上の地下生活は、その入党と同時に始まった。昭和七年八月一二日の夕、突然訪ねてきた大塚は、数日来共産党シンパの大量検挙がはじまり形勢不穏なことを告げ、いずれ党で適当な隠家を世話するが、一刻も早くどこかに身をかくすようにとせき立てた。大塚の言葉は事実であった。この年における党員・シンパの検挙数は、六、九〇〇名に及び、学校・官庁からも多くの検挙者を出した。河上は、「出掛けるのはとても億劫な気がした」が、「逃げられるなら逃げるのが義務である」と思い直して、さし当り高円寺にある義兄大塚武松（文部官吏）の家に行き、「右翼暴力団の危険」を口実にして泊った。これが、河上の非合法的地下生活の第一夜であった。翌八月一三日の昼頃、彼は西大久保にある吉川泰嶽（大学同窓生）宅に移った。その日、その二階で、彼は自分が日共党員に推薦されたことを知った。*

＊　大塚に案内されてきた杉之原舜一は、河上に向って「日本共産党は中央委員会の決議を以て今回貴下を党員に推薦した」と言い、担当の仕事は「『赤旗』の編輯技術に関する意見の提出、その他党の必要に応ずるパンフレット等の執筆」であると告げた。

蒸し暑い午後であった。河上はただ独り、「簾越しに、崩れゆく雲の峰を眺めながら」、黙然と感懐にふけった。

たどりつきふりかへりみれば山川を越えては越えて来つるものかな

この入党時の歌には、河上によれば、彼自身の「五十四年に亘るいのちが集約されてゐる。」（『自叙伝』二）彼は五四歳になっていた。正四位勲三等といった肩書さえもっている彼が、とうとうその旅路の果てに非合法「共産党」員となったのだ。彼は、そのことに「尽くることなき喜び」を感じた。なぜそんなに欣ばしかったのであろうか。「党員」となることによって、彼はやっと「マルクス学者」から、「マルクス主義者」への脱皮が完了したと感じたのである。もっと遡って言うならば、「無我愛」以来の念願であった「天下の公器としての自己を大切に育て上げ、他日必要と認めた場合に之を天下の為めに献げる」というチャンスが、今こそ到来したと感じたのである。

八　地下生活・検挙

彼の地下生活は、昭和七年（一九三二）八月一二日に始まり、翌八年（一九三三）一月一二日に至る間の、約一四〇日であった。その間、彼は吉川泰嶽宅を振り出しに、櫛田民蔵宅→西川一草亭（友人津田青楓の実兄）別宅→蟹江医師宅（共産党指定の隠家）→椎名剛美（日本画家）宅を転々した。この間の動静は、『自叙伝』二の「労農党解消後地下に入るまで」および「儚《はかな》かりし地下時代」の中に精細に描写されているので、ここでは詳述をはぶく。*

＊『自叙伝』において、河上は、この間における彼の心境を、つねに森鷗外の史伝『大塩平八郎』の叙述に対比しつつ、説明している。史伝作家としての鷗外に対する河上の傾倒については、次章で述べる。

その頃の櫛田は、いわゆる「労農派」に近い立場から日本資本主義を分析する諸論文を発表していたが、河上はこうした理論活動を「日本プロレタリアートの革命的戦略に関するコミンテルンの規定を覆さんとする、反革命的な、反動的な、政治的野心をその紙背に蔵せしもの」とみなし、「同君の顔を見るのも嫌」になっていた。その櫛田の所に身を寄せたのは奇妙なようであるが、そこにも河上一流の理屈があり、彼は「むしろ一種の矜負《きょうふ》を抱いて」、この旧友に面した。* 河上の滞在は十数日に及んだが、その間櫛田は「一度も居辛いやうな思ひをさせたことがなかった。」こうした態度には、河上もさすがに「厚い感謝の情」を覚えずにはいられなかったようである（『自叙伝』二）。

＊　この時代に、河上をかくまうことは、よほどの好意がなくてはできない。津田は後に留置取調べまで受けている。しかし河上自身は、櫛田や津田に迷惑をかけたことを「それほど重大に思はぬ」と述べ、後にもしばしば彼らの言行を非難する言葉を記している。なぜなら、河上は、彼の地下運動参加について、「一種の義務感に駆られた行動」であると考え、主観的には「毫も利己の念を雑へてゐない」と信じていたからである。したがって彼は、他人が自分の行動に協力することもまた当然の義務であると信じて疑わなかった。この「絶対的非利己主義」＝「絶対的利己主義」とも言うべき態度は、先の岩波の場合にもみられたように、河上の実践の基本的特徴をなしており、その究明は河上論の一つのキー・ポイントをなすと思われる。

当時の日本共産党の活動の主力は、「軍事部」による兵営内の共産主義化と「家屋資金局」による武器購入資金の調達に注がれていた。七年一〇月六日に行なったいわゆる「大森ギャング事件」は、こういう資金調達活動の一環として企画・遂行されたものである。この一揆主義的な非常手段を計画したのは、当時の中央委員風間丈吉であり、その実行責任者は義弟大塚有章であった。この事件の直前九月九日の夜、風間は、西川別宅に移ったばかりの河上を訪れている。この時はじめて中央委員風間と会った河上は、風間から何も告げられぬままに、この「三十がらみの背の低い洋服の男」を、「そんなに偉い人」とは夢にも思わずに応接している。風間から「三二年テーゼ」の平易な解説を依頼された河上は、党指定の隠家蟹江宅でその仕事に没頭し、それが「やがて党の名において頒布されてゆく日」を胸に描いて、ひとり「生き甲斐」を感じていた。しかしこうした河上の期待は、実は幻影にすぎなかった。

「大森ギャング事件」の報道は、党活動に対する民衆の不信感を高めた。この機に乗じた当局は、党の「全国代表者会議」計画を探知して、その当日たる一〇月三〇日に、開催地熱海を中心に全国にわたって検挙数二、二〇〇名にのぼる大弾圧を強行した。むろん記事差止めで、河上が何も知らない間に、風間・岩田ら党幹部は検挙され、党活動はほとんど壊滅に瀕していたのである。河上が知りえたのは、ただ検挙された岩田が、一一月二日にひどい拷問を受けて死んだというニュースだけであった。かくして河上は、「白き嵐」の吹き荒れるさなかで、あらゆる連絡を切断され、ただ「孤舟」のように漂うほかなくなっていた。

河上が検挙されたのは、中野の椎名宅においてであった。椎名は党員でもシンパでもない、貧乏な一無名画家にすぎなかったが、芸術家らしい純粋な同情心から、すべての事情を呑み込んで河上をかくまった。心細くなっていた河上は、椎名夫妻の温かな「情味」にふれてホッとしたようである。[*]しかし、この家に移ってまもなく、翌八年一月五日、遂に大塚有章が逮捕された。逮捕されてはじめて党壊滅の状態を知った大塚は、河上がこれ以上地下生活を続けてみても「無駄」と考え、その居所を「敢て漏らす」ことを決意した。そして、一月一二日夕、この旨を記した大塚の書面を手に、四名の特高警部が椎名宅に踏み込んできた。孫弟子の内田丈夫と餅を焼いていた河上は、静かに老眼鏡をかけてこの書面を読み、「分かりました。いつでも参ります。」と答えた。河上は大塚の処置に、少しも不服を感じなかった。すでに「刀折れ矢竭きた」という「諦めに近い感じ」を抱いていたからである。連行されてゆく間際にも、彼は世話になった椎名夫人に謝辞を述べ、またすっかり彼になついていた二人の子供たちに「さよなら」と声をかけることを忘れなかった。

＊　椎名氏の書いた「二階の河上博士」(『中央公論』昭八・三)によると、当時の河上は「朝も早く床を離れ、冷水摩擦、体操、洗面と順序よくすませ、ジンジンばしよりにして、部屋から階段、時には便所の戸まで丁寧に拭いた」し、この朝のひと時と食後の休息以外は「端然と机に向ひ、火鉢を遠ざけ」て読書と執筆に過していた。子供たちがクリスマスの話をしているのを聞き、とくに内田に頼んで、おもちゃのシグナルと箪笥をプレゼントし、喜ぶ顔をみてニコニコしたりしている。この一文は巧まずして河上のパーソナリティを最もよく伝える文章になっている。

第七章　閉戸閑人

一　自己埋葬の辞

検挙されて後、河上は二度「自己埋葬の辞」を書いている。一つは「獄中独語」であり、それは昭和八年（一九三三）七月二日、第一回公判を目前にして、市ヶ谷刑務所で書かれたものである。もう一つは「出獄の手記」であり、それは昭和一二年（一九三七）六月一五日、三年九ヵ月の刑期を満了して、小菅刑務所を出る際に発表したものである。前者は「マルクス主義者」としての、後者ではさらに「マルクス学者」としての自己を葬っている。「公人」としての河上は、河上自身の手で葬られた。それ以後の河上の生涯は、「私人」としての、「隠者」としての生涯である。

河上にこうした「自己埋葬」を決意せしめた主原因は、言うまでもなく内的理由よりは外的強制にある。国家権力は、検挙されたすべての「マルクス主義者」に対して、いわゆる「転向」を強制した。鼠捕器にかかった鼠に対して、「転向」による生か、それとも「非転向」による死か、その二者択一を強制したのである。当然のことながら、少数の例外者を除いて、大多数のマルクス主義者は、苦悩し動揺した。大量検挙の時代に続いて、大量転向の時代が来た。河上が検挙された昭和八年は、そうした「転向」の開幕期であった。その契機となったのは、同年六月に発表された佐野学と鍋山貞親の共同署名による「転向声明書」であった。* 日共最高幹部の「転向」宣言！ こおどりして喜んだ検察当局は、当時の日本最高のマルクス学者と目されていた河上に対しても、釈放をエサに手を替え品を替えて「転向」宣言を書かせようとした。しかし、これに対して河上が書いたのは、「転向」宣言ではなく、むしろ「没落」宣言であった。

＊ 昭和三、四年の大検挙で捕えられた佐野・鍋山らは、その後盛んに法廷闘争を展開していたが、昭和七年一〇月の第一審判決で無期懲役となり、引続き控訴中に突如「共同被告同志に告ぐる書」を発表した。昭和八年六月八日のことである。この声明書の内容は、「三二年テーゼ」で設定された日共の基本戦略を否定し、天皇制を擁護し、天皇制国家による中国侵略戦争を支持し、日共のコミンテルンからの離脱を要求したものであった。この声明は、形式的には「私有財産否認」の主張を捨てていないが、実質的には共産主義の否定・国家至上主義の肯定である。当時の日共活動の極左冒険主義に対する内的反省という契機も含まれていたにせよ、声明の主動機が減刑をエサにした外的強制にあったことは明白である。事実、昭和九年四月の第二審判決では、彼らはいずれも懲役一五年に減刑されている。

しかし、それにしても、河上はなぜこうした「没落」宣言を敢えてしたのか。なぜ「死を賭してもマルクス主義者としての闘争を続ける」という態度を示さなかったのか。それが「利を捨てて、義を取る」態度ではなかったのか、という疑問が起るであろう。これについては、まず第一に、外的強制が加えられる以前に、すでに河上は政治的実践の場からの引退を決意していた、という事情が挙げられる。資質的に政治活動に向かないことを自覚しており、もっぱら「義務感」にかられて実践運動に乗り出した河上は、検挙された時すでに引退を決意していた。「刀折れ矢竭きた」という思いは、同時に「これで義務を果した」という思いにつながっていた。したがって、外的強制が加えられなくとも、河上は引退する気でいたのである。ところが、こうした河上に対して、検察当局は敢えて「転向」宣言を書かせようとした。ここで事情は変ってくる。河上には「引退」宣言は書けても、「転向」宣言は断じて書けなかった。しかも、外的強制に応じて「引退」宣言を書くことは、たんなる「引退」宣言でなく「没落」宣言となることは明らかである。なぜなら、こうした事情のもとで、敢えて「引退」宣言を書くことは、実質上、それと引き換えに釈放を願うことになり、マルクス主義者としての「没落」にほかならないからである。考え悩んだあげく、河上はこの「没落」宣言を敢えてした。自己の実践的な「没落」をさらけ出すことによって、逆にその理論的な「非転向」を明らかにし、それを通してマルクス主義そのものの「信用」を高めようとしたのである。したがってこの「没落」宣言は、「敗北」の宣言であると同時に、決然たる「抵抗」の宣言でもあった。

まず「獄中独語」の方からみよう。彼は、この手記が、「書斎の古机が恋しくて耐まら」ず「出られるものなら一日も早く出たい」という彼自身の熱望から、マルクス主義者としての「良心に反して」書かれたものであることを、率直に告白している。

「共産主義者として検挙された私が飽くまでかかる者として生存しようとすれば、私にはただ獄中生活が残される。再び自由を得ようとすれば、早かれ晩かれ私は共産主義者としての資格を放棄せねばならぬ。……人生五十といふが、私は既に五十五にもなつてゐる。もはや残生いくばくもない。共産主義者として最後を完うしたら本望だらうと、誰でもが思ふであらう。ところが一たび自ら牢獄生活を経験して見ると、生死を超越した老僧の山に入りて薬を採るのこころが理解される。免れ難き死は恐れぬにしても、なるべく苦痛を避けて死にたいと云ふのが、最後まで人間に残る本能の一つであるらしい。この本能は、人間が老境に入つて生活力が弱まつて来るほど、次第に強く働き出すのかも知れない。……共産主義者たる資格を自ら拋棄することは、共産主義者としての自刃である。それは共産主義者として許さるべきではないが、私は再び自由を得んがため今敢て之を犯すについて、首を垂れて罪を同志諸君の前に俟つ者である。

私は今後実際運動とは——合法的のものたると非合法的のものたるとを問はず——全く関係を絶ち、元の書斎に隠居するであらう。これが私の現在の決意である。私は今かかる決意を公言して之に社会的効果を賦与することに於いて、共産主義者としての自分を自分自身の手で葬るわけ

である。」（「獄中独語」――傍点筆者）

ここで河上は、自分が「引退」を声明するのは、もっぱら「投獄」を免れたいため、「苦痛」を避けたいためであることを明言し、しかもその行為が、マルクス主義者としては断じて「否認」さるべき行為であり、一種の「自殺」行為であることを確認している。彼は、一切の虚勢・詭弁を排して、率直に自己の敗北・没落を認めている。しかし、それは、断じて自己の理論的信念・理想的人間像の動揺・転向を認めているのではない。むしろ、理論的信念が不動であればこそ、現実的自己の不純・挫折がかくも峻烈に糾弾されているのだ。そのことは、この文章の後半に明瞭である。

「誤解を避けるために一言しておくが、以上のことは、勿論マルクス主義の基礎理論に対する私の学問上の信念が動揺したことを意味するのではない。ふつつかながら、かりにも三十年の水火をくぐつて来た私の学問上の信念が、僅か半ケ年の牢獄生活によつて早くも動揺を始めると云ふことは、在り得ない。書斎裡に隠居した後も、私は依然としてマルクス主義を信奉する学者の一人として止まるであらう。しかし、ただマルクス主義を信奉すると云ふだけでは、マルクス主義者でも共産主義者でも在り得ないのだ。何人といへども実際運動から遊離してゐる者は、如何に努力したからとて、マルクス主義の発展の基本的な線に於ける最先端を代表する学者たちと、共に伍し得ないであらう。……階級闘争の場面から退去した一廃兵としての私は、学問の上に於いても到底以上の如き貢献はなし得ない。人間は最後までアンビシアスでなければならぬのだが、私は最早や学問の領域においても第二次的第三次的な労作に甘んずることを、自分の運命として諦めねばならぬ。……どうにかして資本論の翻訳だけは生命のある中に纏めておきたい。――これは数年来絶えず私の脳裏に去来しつつある一つの希望である。書斎裡において一廃兵としての残生を偸《ぬす》まうとしてゐる私は、自由を得た暁には、一日も早くこの仕事を完成して、安逸を貪《むさぼ》る罪の幾分を償ひたいと考へてゐる。

以上の一文をもつて自分を葬る弔詞となし、同時にまた自らを救ふの呪文となさんがために……。昭和八年七月二日独坐これを認め終る。」（「獄中独語」――傍点筆者）

いかなる意味においても嘘のつけない河上にとって、いわゆる「偽装転向」は不可能であった。この真情を吐露した「没落」宣言は、「河上博士の転心」として各新聞に報道され、読者の注目を集めた。しかし誰一人として、この老学究の「転心」を責める者はいなかった。そして当局の望んだような「思想善導」の役にも立たなかった。したがってまた、河上がひそかに期待していたように、この「自分を葬るの弔詞」が同時に「自らを救ふ呪文」として役立つこともなかった。昭和八年八月一日に行われた第一回公判で、担当検事は河上のこの声明を佐野・鍋山のそれと比較して、

「依然マルクス主義を信奉すると云ふ所に被告の痩我慢が残つてゐる」と非難し、「治安維持法」を適用して懲役七年を求刑した。老軀病弱の身を顧み、「一日も早く出たい」と切望していた河上にとって、この求刑は意外な重刑であった。彼は「立つても坐つてもゐられないやうな気」がして、遂に「今後『資本論』翻訳も断念し、『マルクス学者』としての自己をも葬る」決心を述べた上申書を出した。この時が、「私の精神気力の萎靡沈滞を極めた頂点であつた」と、後に彼は回想している（『自叙伝』三）。しかし、「転向」でなく、「没落」しか声明しえない者に対して、国家権力はあくまで冷酷であった。まもなく行われた八月八日の第一審判決で、河上は「執行猶予」とはならず、懲役五年の実刑を言い渡された。

次に、第二の手記である「出獄の手記」をみよう。そこでは、第一の手記にみられたような「甘さ」は消えている。獄中においても、「仮釈放」をエサに、「転向」宣言への勧誘・強制は間断なく続けられていた。この試練に耐えて、あくまで「没落」の線に踏み止まることが、河上にとって可能な、しかし極めて困難な、唯一の抵抗の道であった。この抵抗を通して、彼の「没落」への決意はしだいに純化されていった。こうした純化の極限において、「仮釈放」へのよろめきを克服しつつ刑期満了を迎えた日において、各新聞に発表されたのがこの第二の手記であった。それは、いささか奇妙な言い方をすれば、第一の手記に比べて、より完全な「没落」宣言となっている。次にその全文を掲げる。

「私は今回の出獄を機会に、これでマルクス学者としての私の生涯を閉ぢる。この一文は即ちその挽歌であり墓碑銘である。

私はこれまで一個の学究として、三十年来攻学の結果やうやくにしてかち得た自分の学問的信念に殉ぜんがため、分不相応な事業に向つて聊か努力を続けて来た。しかし微力の私は、暮年すでに迫れる今日、もはやこれ以上荊棘《けいきょく》を歩むに耐へ得ない。私はもう一学究としての義務を終へたものと諦め、今後はすつかり隠居してしまつて、極く少数の旧友や近親と往来しながら、刑余老残の痩軀《そうく》をただ自然の衰へに任かす外なからうと思ふ。すでに闘争場裡を退去した一個の老廃兵たる今の私は、ただどうにかして人類の進歩の邪魔にならぬやう、社会のどこかの片隅で、極く静かに呼吸をしてゐたいと希ふばかりである。

歌三首あり、併せ録して人の嗤《わら》ふに任かす。

ながらへてまた帰らむと思ひきやすてにしいのち家苞《つと》となし
長き足をらくにすわれと吾妹子《わぎもこ》が縫うて待ちにしこの座蒲団よ
巖清水あるかなきかに世を経むとよみいでし人のこころしのばゆ」（「出獄の手記」――傍点筆者）

この最後の一首で、「よみいでし人」というのは、言うまでもなく良寛をさしている。[*] 戦闘的マルクシストとして入獄した彼は、自然を友として閑居した大愚良寛の心境に共感しつつ出獄したわけである。そこではすでに『資本論』の翻訳の仕事すら断念されている。その心境には、微塵も「甘さ」や「焦り」がなく、ただ「澄明」であり「静謐」である。といって、彼はマルクス主義そのものを抛擲しているわけではない。そのことは、「ただどうにかして人類の進歩の邪魔にならぬやう」という一句の中に、さり気なくではあるが、心をこめて暗示されている。しかし、そうだとすれば、マルクスと良寛とは、河上の精神構造において、いかなるつながり方をしているのか。

* すでに昭和一一年一月二〇日、河上芳子宛の獄中便りのなかで、河上はこの歌を示し、それは、「『山かげの岩根をもるる苔水のあるかなきかに世をわたるかな』といふ良寛禅師の歌にもとづいたものです。ひどく消極的のやうだが、決して単なる消極ではなく、極めて深い味のあるものだと、今の私はさう思つてゐるのです」と書いている(『遠くでかすかに鐘が鳴る』上巻二〇一頁)。

二 「非転向」の支柱

求道者としての河上は、その獄中生活において、二重の、ないし二面的な課題を負わされていた。その一つは、「転向」を強制してくる外的・内的な圧迫に耐えて、「マルクス学者」としての自己の最後の節操を護りぬくことであった。そのマルクス主義への道において、すでに「科学的認識と政治的実践の統一」という義務的課題を果し終えたと感じていた河上にとって、はからずも「科学的認識と倫理的実践との統一」という問題が最後の義務的課題として課せられてきたのである。そしてこの追いつめられた、最後の実践の場においては、河上は類稀な卓越した闘士でありえたということができる。もう一つの課題というのは、この「投獄」を機会に、これまで「特殊なマルクス主義者」としての彼が保留してきた問題、すなわち「科学的真理と宗教的真理の統一」という問題に対決し、「求道者」としての自己の最後の安住の地に到達することであった。そしてこの「求道者」としての、最後の義務的課題を果すためには、刑務所はむしろ最も好適な思索の場所でありえたということもできよう。

足かけ五年にわたる河上の獄中生活は、この二つの課題に対する対決の課程であった。そしてその総決算が、前述の「出獄の手記」であり、またより詳しくは、やはり出獄の直前に脱稿された『獄中贅語』*である。この『贅語』の第二章「マルクス主義について」は、上述の課題に対する解答であり、その第三章「宗教的真理及び宗教について」は、第二の課題に対する解決を示している。この『贅語』は、「牢屋の中で謂はばいのちの鉛筆を削りつつ書き上げたものだ」(『自叙伝』四)と河上は言っている。この二つの課題が、このようにして、人間河上において独自な解決を与えられ、独自な統一が与えられたところに、先に「出獄の手記」でみたような、マルクスと良寛との独自なつながりが、成立してきたのである。

＊　この『獄中贅語』には「刑期満了前に於ける私の心境」という副題がつけてあり、昭和一二年一月三一日に起稿され、二月末に脱稿、五月三一日に当局に提出されたものである。全四章から成るが、主要部は、第二、第三章である。その全文が、岩波版『獄中日記』二に収録されている。

この『贅語』を手がかりに、まず第一の課題がどのように解決されたかをみよう。問題は、すでにマルクス主義者としての「没落」を決意した河上が、いかにして、また何を支えにして、「非転向」という最後の一線を死守しえたか、というところにある。しかし、それをみるためには、まず『贅語』執筆に至るまでの河上の心境変化の過程をみておかねばならぬ。なぜなら、『贅語』が書かれたのは、出獄直前の気力も回復し、覚悟も固まった時であるから、要所はむしろ、こうした結論が打ち出されてくる過程にあった、と考えられるからである。

昭和八年九月一五日に下獄した河上は、まず赫い獄衣を着せられ、暫くの間市ヶ谷刑務所の独房で「紙風船はり」の仕事をさせられた。彼は「総ての綱が切れて、深い井戸の底に沈んで行くやう」な心細さを覚えていたが、しかし近親・友人に対しては「敗残の老書生、何とはなしに秋のあはれを感じないではありませんが、しかし『かくすればかくなるものと歌ひけん古へ人の心うれしき』など口吟しつつ、元気よく『路縦横に踏んで』出発しましたから、憚ながら御安神を願ひます」という挨拶を送っている（昭和八・九・一八付、夫人宛書簡）。老いたるマルクシスト河上は、少年期以来私淑していた吉田松陰の態度を心の杖として、その獄中生活に入ったのである。同八年一〇月二〇日、河上は小菅刑務所に移され、その独居房で「活字解版」の作業を命じられた。「なまけることの嫌ひな」河上は、この仕事に精励し、その上どんな下端の役人に対しても「礼儀正しく」振舞ったので、たちまち模範囚となった。冬になって、彼の手はあかぎれの血で染められたが、彼自身はようやく獄中生活になれ、昭和九年の正月には、旧友小島祐馬の差入れてくれた『陶淵明集』を味わう余裕ができてきた。河上は、この隠遁詩人が平淡な反面に、毅然たる節操を保っていることに深い感動を覚えている（『自叙伝』三、なお昭和一〇・一・八付、羽村二喜男宛書簡）。しかし、「一日も早く出たい」という思いが消えていたわけではなかった。彼は皇太子生誕特赦に期待したが、その期待も裏切られ、九年二月一一日に刑期の四分の一を減刑されたに止まった。この二月末から、彼は模範囚として図書室勤務に廻され、作業は「翻訳」に変った。翻訳といっても、シュパンの『マルクス主義の誤謬』とか、ヒトラーの『我が闘争』とかを訳すのだから、まさしく「懲役」であるが、彼は黙々とその仕事に精励した。九年一二月四日、彼は突然所長に呼出され、同じ獄内の佐野学に会わされた。所長は、佐野を通して河上を転向させようと計ったのである。この会談の席で、所長は仮釈放を暗示しながら、彼に自己反省論文の執筆を勧めた。この時河上は、年来の宿題である「宗教論」なら、科学的研究と違って刑務所内でもできるし、或いは「学問的良心を曲げず」に「少しはその筋のお気に入る」ものが書けはしないかと考え、その晩「一睡もせず」にあれこれと思い悩んだ（『自叙伝』四）。

翌一二月一五日は、妻秀との面会日であった。河上は妻に向ってその悩みを打ち明けた。この時、秀は「私はあなたがさういふお気持におなりにならなければいゝがと、とうからそればかり心配してゐましたの。河上さんは学者として一生を貫いた人なんだから、どうか最後まで学者としての面目を全うさせたいと、かういふのが、佐々木（惣一）さんや小島（祐馬）さんなどの御意見のやうに伺つて居ります。私が何も知らずに口を出すとお怒りになるかも知れませんが、よくお考へになりましたら、どんなものでせう」と言って、顔を曇らせた。河上には、妻の心配する気持がよく分かった。河上は、「この時をかぎり、お情《なさけ》にあづからうといふ助兵衛根性を綺麗に洗ひ棄ててしまつた」と書いている（『自叙伝』四）。仮釈放へのよろめきから彼を立直らす直接的契機となったものは、こうした家族、友人の温い激励であった。この日から彼の覚悟は固まり、その獄中生活は精神的によほど「軽快」なものとなった。『贅語』は、この時の決意の延長線上において執筆されたものである。

精神的に余裕ができてくると、彼は和漢の詩文を読むばかりでなく、自分でも和歌や自由詩を作り出した。昭和一〇年一〇月四日には、「獄中秘曲」と題して次のような詩を書きつけている。

いつしか刑期が半ばを過ぎてゐる、
もう一と月も二た月も前に。
私はそれを喜ぶ、
出獄の日が兎も角近づくと思うて。

刑期はもう半ばを過ぎた、
それに私は仮釈放にもならないで、
未だにここに繋がれて居る。
それを私は更に喜ぶ。

勿論出たくないことはないが、
しかし私はここに長く居るほどいいのだ。
たとひ身のためにはならずとも、
これは断じて世のためになる！

そのことを思ふと、

拙い麦飯もうまくなる、
そして——「私はまだここに居る、
とてもいいことだ」と自分で自分を祝ふ。

ここで河上は、自分が獄中生活に耐えることは「身のため」でなく、「世のため」なのだと、自分自身に言い聞かせている。また翌一一年一〇月二七日の日記にも「俯仰天地に愧ぢざるが為めに苦しめられると云ふのであれば、私はその苦しみを喜ばねばならず、また喜ぶであらう」という言葉を書きつけている。マルクス学者としての河上は、すでにその青・壮年期における儒教的・唯心論的な人道主義・倫理主義の立場を脱却している。しかし、今この老獄囚河上の「非転向」を支える支柱となっているものは、明らかに青年期以来の「利他主義」的情熱であり、儒教的倫理感覚と融合することによって人間河上の中に血肉化されたマルクス主義思想である。この抵抗的実践の場に至って、これまで彼が取り除こうと苦心してきた「抜き難き人道主義」のマイナス面は、ことごとくプラスに転化し来たった観がある。かくして彼はその『獄中日記』の最後を、次の言葉で結んだ。「河上肇万歳！　マルクス主義万歳！」

『獄中贅語』第二章「マルクス主義について」は、こうした抵抗的実践の記念碑である。したがって、この論文は、マルクス学者としての河上の科学的研究の結論ではなくして、むしろかかる結論を打ち出してきた自己の学問的良心の告白である。彼はまず第一に、「五年間刑務所に居たからとて、私の学問的信念が少しも変化しないと云ふことは、余りにも当然のことであらう」と主張する。なぜなら、科学的真理を探究するためには、マルクスも言っているように「詳細に材料を占有すること」（『資本論』第二版跋文）が必要であるが、「かうした要求の実現が、獄裡の囚徒にとつて可能であるべき筈はない」からである。とすれば、いやしくも学者たるものが、獄外でならともかく、獄中で「転向」するなどということはありえない、と彼は断言している。

次に彼はいわゆる「転向」問題にふれ、マルクス主義者の獄中における「転向」現象は、彼のみるところによれば、㈠「現在日本の刑務所が、人をしてマルクス主義を誤謬と思ふに至らしめるやうな、可能な限りの、あらゆる設備の整つてゐる場所であること」、㈡「我国の共産主義運動に投じ来たる分子のうち如何に多くの者が附和雷同的な浮動的要素にすぎないかといふこと」の証明にすぎないという。そして、いわゆる「転向」の奨励は、「一国の士風」を堕落させるものとして、そのこと自体「最も慎まなければならぬ」ことではないかと反問し、そんなことでは「日本共産党が亡びる前に、それこそ日本精神が地に堕ちるであらう」と逆襲している。

さらに彼は、ファシズムの台頭という当面の情勢に関して、それが彼の学問的信念を少しも揺がさないばかりか、かえってますますその信念を固めさせることを述べて、次のように言う。

「私の眼中にある所のものは、百年二百年後の世界である。たとひ日本共産党が全滅し、コミンテルンが全滅したとしても、私の学問的信念は聊かの動揺も生じない。……人類が滅亡しない限り共産主義の外に出口は在り得ないのだから、吾々は失望することを知らないのである。」

「私は下獄以来、日本の政情を聞く毎に、なかんづく二・二六事件なるものの勃発を聞くに及んで、日本資本主義に内在する矛盾の激化の益々激しきを加へつつあることを覚える。事態は総て吾々が科学的に予想した通りに進行して居る。どうして私共の考が間違つて居りましたと言ふことが出来やう。」

「私はそこ（第二次世界大戦勃発の危険）に思ひを致す毎に、マルクス主義を学んだ自分達の責任の実に重大であることを感じる。何故か？　世界戦争を不可避的なものたらしめる真の原因を知る者は、マルクス主義者の外になく、これを根絶せしめて地球上に平和をもたらす真の方策を知る者も、その方策のため身命を賭して闘ふ者もまた、マルクス主義者の外にないからである。」（以上、いずれも『獄中贅語』）

まことに毅然たる「非転向」宣言というべきであろう。「出獄の辞」の「ただどうにかして人類の進歩の邪魔にならぬやう」という淡々たる一句の中には、こうした烈々の気魄が込められていたことを見落してはならない。

三 「宗教的真理」の是認

前章において私は、河上の「非転向」の支柱となったものが、青年期以来の「利他主義」的情熱であり、儒教的倫理感覚であったことを指摘した。その抵抗的実践のエネルギーは、こうした青年期以来の永い「求道」過程において蓄積されたものだったのである。ところで、すでにわれわれがみてきたように、こうした「利他主義」的情熱は、「マルクス主義への道」に河上を推し進める原動力となったものであると同時に、いわゆる「抜き難き人道主義の病」として、しばしばその進行を阻むブレーキともなったものである。とすれば、この情熱は、この最後の場面においても、河上をして、一方に「非転向マルクシスト」たるの光栄を担わしめるとともに、他方ではやはり「不徹底マルクシスト」たるの制限を負わしめなかったであろうか。

『獄中贅語』第三章における河上の「宗教的真理の是認」は、あたかもこうした疑問を裏書きするものであるかのようにもみえる。「宗教は民衆の阿片なり」と言い切るのが、マルクシストの基本的態度である。そこから、一般にマルクシストは「宗教的真理」なるものの存在は否認するものと考えられている。こうした見地からすれば、「宗教的真理の存在を承認するマルクス主義者」(『自叙伝』五）などという河上の自己規定の言葉は、それ自身自己矛盾的であり、一個のスキャンダル以外の何物でもないことになる。しかし、河上がこのように自己を規定し、しかも「これが思想方面における私の特殊性であると自負している」（『自叙伝』五）ことは、まぎれもない「事実」である。こうした「事実」は人々を当惑させ、これをいかに評価するかという点が、従来の河上論の分岐点となり、試金石となっている。そして多くの論者は、私見によれば、これをいかに評価するにせよ、その評価を必ずしも「事実」そのものの確認から導いていないように思える。

「非転向マルクシスト」としての河上を讃美する人々の多くは、この「事実」を河上の瑕瑾として無視しようとする。あるいは、「老齢と獄中生活」に由来する錯誤として弁護しようとする。* これらは、いずれも評者の善意から出た解釈であることは疑いないが、しかしこの解釈は果して「事実」をふまえた解釈であろうか。「老齢と獄中生活」という条件は、河上にとって、「宗教論」制作の条件であったと同時に、「非転向」実践の条件でもあったのだ。前者をその条件の故に排除し、後者を同じ条件の故に挙揚するということは、それ自身自己矛盾的となることを免れない。こうした讃美論には、河上自身も納得できないだろうと思われる。

＊　例えば志賀義雄氏には、次のような言葉がある。「私のように、……うまくだましたら出られるかもしれないなどという幻想を全くもたなかったものからみると、判事や検事に対してうそのつけない博士が、かえって宗教的真理と科学的真理の統一などというウソと取組んで、自ら欺くことに陥っている道行きが、

手にとるようにわかる。」(「河上博士と共産党」)

たしかにこの「宗教論」は、「老齢と獄中生活」における所産である。そして、この条件が、河上に「没落」宣言を敢えてさせ、しばしば「仮釈放」への幻想をいだかしめたことも事実である。しかし、前章でみてきたように、少くともこの『贅語』執筆の時点における河上の心中には、微塵もそうした幻想が存しないこともまた事実である。彼は全く自発的・内発的に「自分自身のために」、この論文を書いたのである。* それは「獄中生活」に屈伏して書かれた論文ではなく、むしろ「獄中生活」を利用して書かれた論文であった。では、なぜ河上はこの「宗教論」を書かねばならなかったのか。これまで河上の「求道」過程を追跡してきたわれわれにとって、この疑問に答えることは、そんなに困難なことではない。要するにこの「宗教的真理」の問題は、彼が「マルクス主義への道」に出発するに際して保留しておいた「年来の宿題」なのであり、この宿題を解決することなくして彼の「求道」はその「安住」の自覚に到達不可能だったからである(本書、第五章第六節参照)。これが、彼がこの「宗教論」をまったく「自己自身のために」書かざるをえなかった理由である。

* 河上自身は、この「宗教論」について、「こんなものを書いて見せたところで、刑務所の教悔師達には理解されようはずはなく、況んや検事などに分からうはずもないと思ひながら、私がこの章に相当の頁を

費したのは、一応自分の考へをまとめて置きたいと思つたからで、言はば自分自身の為めであつた」（『自叙伝』四）と書いている。

河上をして「マルクシスト」たらしめたものは、その青年期以来の「利他主義」的情熱であった。さらに老獄囚河上をして「非転向マルクシスト」たらしめたものも、同じくその「利他主義」的情熱であった。ところで、この河上における「利他主義」的情熱なるものは、まず「バイブルとの出合い」によって点火され、もっぱら自己自身の「利己主義」的傾向の克服、すなわち「我執」の克服を課題として、個人的・求心的方向に発現された。それが、社会的・遠心的方向に転換されてくるのは、あの「絶対的無我」の体験的自覚、すなわち「宗教的真理」の体験的所得なるものを契機としてであった（本書、第三章第七節参照）。この「宗教的真理」の体験的所得を契機として方向転換された「利他主義」的情熱が、やがて河上をして「マルクシスト」たらしめ、しかも「非転向マルクシスト」たらしめえたわけである。*

＊　「非転向」の支柱となった「利他主義」的情熱が、「俯仰天地に愧ぢず」といった儒教的倫理感覚の底に「没我的・献身的」な一種の宗教的使命感をひそませていたことは、次の言葉からもうかがわれる。「（私の）共産主義に対する信念は、その昔、惨刑に処せられ悔いなかつた切支丹の信者達の宗教信仰と、その情熱を同じうするものがある。」（『自叙伝』四）

しかし、この「宗教的真理」なるものは、投獄前の河上において、なお体験的所得にとどまり、未だ理論的所得となっていなかった。なぜなら、「科学的真理」としての「マルクス経済学」研究に出発した河上は、しばしばこの「宗教的真理」の理論化を急いでは、いわゆる「抜き難い人道主義の病」=「科学的真理との混線」に陥り、その結果「宗教的真理から断乎として自分を引き離し、暫らく之を忘却し去らん」(『自叙伝』(一))と決意するに至っていたからである。大正一三年頃、こうした決意で「マルクス主義への道」に再出発した河上は、今その道を登りつめて獄裡の人となった。そしてこの獄中の抵抗生活は、彼をして「マルクシスト」=「科学的真理の確信者」としての自己の根底にある「求道者」=「宗教的真理の体験者」としての自己をみつめさせ、「暫らく忘却」していた「科学的真理と宗教的真理の統一」という課題を想起せしめたわけである。

したがって河上は、この『贅語』第三章の「宗教論」を、決してマルクス主義者一般に課せられた不可避的課題として書いたわけではない。彼はこの「宗教論」を、どこまでも「特殊なマルクシスト」たる自己自身にとって不可避的な「特殊な理論的課題」として、すなわち、「絶対的無我という宗教的実感に支えられているマルクシスト」たる特殊的自己に課せられた「自己自身における宗教的実感の理論化」という特殊的課題として書いたのである。したがってまた、この論文における「宗教的真理の是認」は、実は河上自身のもつ「宗教的実感の理論的肯定」にほかならない。この「宗教論」に対する評価は、賛否いずれの方向をとるにせよ、まずかかる「事実」をふまえて、下さねばならないと思われる。

さて、このような「事実」をふまえて、この「宗教論」をみると、一般のマルクシストの「宗教論」と異なった特殊な点が見出される。第一には、この論文でいう「宗教的真理」なるものが、もっぱら河上個人の認める「純然たる我流のもの」であって、一般のマルクシストや既成教団人などが認めるようないわゆる「宗教的真理」ではない、という点である。それは、言いかえれば、河上は彼自身の認める「絶対的無我の自覚」という宗教的基礎体験としての「宗教的真理」を是認したのであって、決してそうした基礎体験が社会的イデオロギー化されたものとしてのいわゆる「宗教」を是認したのではない、ということである。第二には、当然のことながら、ここでそうした基礎体験としての「宗教的真理」を説明するに当って、河上はもっぱら彼個人の規定している「伝統的宗教」の言葉を用いており、そのかぎりきわめて東洋的・仏教的色彩の濃いものになっている、という点である。それは、言いかえれば、この「宗教論」は、たんにある一人のマルクシストによる抽象的・一般的な「宗教論」にとどまるものではなく、むしろ逆にある一人の東洋人、すなわち儒教的倫理感覚・仏教的宗教感覚をもった人間による「近代科学論」＝「マルクス主義論」ともなっている、ということである。

まず第一の点からみよう。河上は真理に二種あること、「科学的真理」と「宗教的真理」のあることを主張する。ここでいう「科学的真理」とは、具体的には「近代社会科学」としての「マルクス主義」によって示される「真理」であることは明らかである。問題は「宗教的真理」にある。

「第一に、宗教的真理は何を問題にするか？　答へていふ。宗教的真理の問題とする所は、意識そのものを意識することであり、心に心を映すことである。ここにその基本的な特徴が横たはる。……宗教的真理は、外物に対する智識ではなくして、意識そのものに関する智識である。意識するものが自己を意識すること、意識の自己意識、これが宗教的真理の使命である。この場合、意識は外に向はずして内に向ふ。外物に働き掛けるのでなくて、それ自身に働き掛ける。」（『獄中贅語』——傍点筆者）

「第二に、宗教的真理は如何にして把握されるか？　……眼は眼で見えぬ、舌は舌で嘗められぬ。丁度それと同じやうに、普通の意識の仕方（普通に吾々が外界の事物を意識する仕方）を以てしては、到底、意識そのものを意識することは出来ない。……しかし一定の方法を以てすれば、心は自心を映《うつ》し、意識はそれ自身を意識し得るものなのである。……自ら「回光返照《あくわうへんぜう》」すること、これが宗教的真理を把握するための根本的な方法である。ここに回光返照とは、意識の作用を直接に、ぢかづけに、意識自体の上に跳ね返すことである。」（同前）

「第三に、人はかゝる真理を把握することによつて如何なる利益を得るか？　総じて無智は、不安と恐怖を生む。逆に智識は、かかる不安と恐怖を払ふことにより、平安と歓喜を生む。今、宗教的真理は、我（心）の本体を明かにすることを任務となすものであり、吾々が之を把握するのは、自分自身の本体を明かにする所以である。それ故に、人ありて之を獲得するとき、そこには大なる平安（いはゆる安心《あんじん》）と大なる歓喜（いはゆる踊躍歓喜《ゆやくかんき》の心）が生まれる。それを形容して『朝に道を聞かば夕に死すとも可なり矣』とも云ふのである。生命の根元を知るのであるから、五尺の肉体の存亡の如きは問題でなくなる。かくの如きが即ち宗教的真理を認得することの効果である。」(同前)

河上は、以上のように「宗教的真理」なるものを説明している。それが、彼自身の体得した「実感的智識」＝「絶対的無我の自覚」の説明であることは明らかである。彼は、そうした「実感的智識」に「理論的説明」を与えるに際して、これを「意識の自己意識」と規定している。彼のいう「宗教的真理」なるものが、このように規定されたものであるかぎり、その是認が、「意識の外的意識」として規定された「科学的真理」の是認と矛盾・衝突しないこともまた明らかであろう。すなわち、

「宗教的真理は内界に属し、科学的真理は外界に属する。その範疇を異にする此等二種の真理は、各〻その課題を異にし、各〻その立場を異にし、各〻その領域を異にしてゐる。……既に述べたやうに、自力宗の禅が『不立文字』を看板にして居るのは勿論、他力宗にあつても、『浄土宗の人は愚者になりて往生す』と云ひ伝へて、やはり『一文不知』を本領として居る。然るに科学にあつては、正に之と逆に、その研究対象のあらゆる方面を知つてゐると云ふことが、科学者に要求される資格である。一方は内界の心を問題とし、他方は外界の物を問題とする。そこではあらゆることが対蹠的になつてゐる。『一文不知』の関門を通して窺ひ得た宗教的真理が、社会問題などの解決に没交渉であるのは、あらゆる世間的智識が、信仰の獲得のため邪魔にこそなれ、何の足しにもならぬ、と同じことである。」（同前）

ということになる。ところで、このように区別された二種の真理は、いかにして統一されることになるか。この点について、河上は次のように説明している。

「だが肝要なことは、吾々はそこに（二種の真理の間に——筆者註）乗り越えることの出来ない絶対的な境界があると主張するのではない。科学的真理を把握するのも、宗教的真理を把握するのも、等しく人間の意識作用による認識であり、そしてその認識作用なるものは、人間といふ高等動物の有機的組織の中に包容されて居るところの、高度の発達を遂げた脳髄等々の機能に外ならぬのである。だから私は宗教的真理を認めるからと言つて、別に神秘的な雲霧の世界に逃避する必要を感じない。人間を離れて人間の意識に映る物質世界（人間の意識そのものもまた物質の作用である）の外に、別に神や仏が存在するのではない。神や仏は善かれ悪かれ人間の意識の産物である。……これを要するに、私は宗教的真理を認めたからと言つて、少しも形而上学に身売する必要を感じない。私は依然として、心（意識・精神）を物質の所産となすところの、唯物論者として残る。宗教的真理は意識に関する真理である。だがその意識なるものもまた人間の肉体を構成してゐる物質の機能にほかならぬのである。」（同前——傍点筆者）

これが、彼のいう「科学的真理と宗教的真理の統一」の内容であり、彼の「求道」の究極的課題に対する究極的解答の内容であった。彼はかかる結論を導き出しえて、「非常な安堵と満足」を感じた。しかし、これが導き出されるまでの過程がきわめて「複雑」なものであったのに反し、ここに導き出されえた結論は、理論的には、きわめて「単純」なものでしかなかった。ここで示された「統一」の仕方が、河上の主張しているように、「唯物論的統一」であったことは疑いない。この意味で、私は、河上が「不徹底マルクシスト」であったとは思わない。しかし、それが同時に、河上の力説しているように、「弁証法的統一」でもあったかどうかという点については、大いに疑問がある。この点については、次節で、先述の第二の点に関連して、もう一度考察してみよう。

四　「私的自己」の解放

『獄中贅語』の執筆は、河上にとって、その「マルクス主義者」としての、「求道者」としての生涯のフィナーレであったとともに、その「隠遁詩人」としての、「自然人」としての生涯のプロローグでもあった。言いかえれば、「公人」としての河上の終曲であるとともに、「私人」としての河上の序曲でもあった。河上の「私的自己」は、その「公的自己」の没落とともに、それを通してのみ解放されえたのである。そして、この「事実」のもつ意味を考察することは、河上の「求道」のもつ意義を全面的に反省する手がかりともなるであろう。

われわれがみてきたように、河上の「求道」の出発点は、「利己的自我」＝「我執」の自覚とその超克にあった。そして、この超克は、あの「宗教的体験」＝「絶対的無我の自覚」によって果された。少くとも河上自身は、そう信じて疑わなかった。したがって、「求道者」としての彼のテーゼは、終始一貫「絶対的非利己主義」であり、その内容は「天下の公器として生きる」というにあった。もしこうした主張を一つのイデオロギーとしてみるなら、それは一種の「滅私奉公」イデオロギーであったと言えよう。これはむろん、それ自身としては個人の倫理的・宗教的なイデオロギー（人生観）であって、社会のいかなる学問的・政治的なイデオロギー（世界観）とも結びつきうる可能性をもっていた。事実、河上は、そのために「滅私」すべき「公」をいかに把握するかによって、極端なナショナリストにも、温健なアカデミシャンにも、戦闘的なマルクシストにもなった。しかし、彼自身力説しているように、その「求道」の精神は、したがってまたその「滅私奉公」イデオロギーは、終始一貫変らなかったのである。

こうした「求道」の精神こそ、後に河上がそれを以て「私の人格の本質」としたものである（本書、第一章第三節参照）。こうした精神において生き、それにおいて死んだ河上の生涯は、晩年の彼自身顧みて満足の意を表明しているばかりでなく、後代のわれわれをして、「感奮興起」させるものを含んでいる。しかしそれは、われわれをして「感激」させる割には、われわれをして「共鳴せしめないもの」をも含んでいる。多くの評者は、その理由を、彼が「科学者」としてはあまりに「求道者」でありすぎたこと、或はあまりに「東洋的・前近代的な生活感情」をもちすぎていたことに求めている。しかし私は、こうした批評には与しえない。なぜなら、東洋的な「求道者」であることと、近代的な「科学者」であることとの間には、本質的・必然的な矛盾はありえない、と考えるからである。河上に見出される弱点、ないし盲点は、その「求道者」意識の過剰の中によりも、むしろその「求道」精神そのものに含まれたイデオロギー的性格の中に、とりわけその「滅私奉公」的性格の中に求められるべきだ、と私は考える。

では、こうした「滅私奉公」イデオロギーがもつ盲点とは何か。私はまず第一に、その論理的盲点として、それが善い意味でも悪い意味でも、基本的に形式論理的・理想主義的な性格をもち、したがってたとえ言葉では「弁証法」を高唱したにしても、その思考方法・実践方法は実質的にやはり非弁証法的・非現実主義的であるにすぎず、しかも当のイデオローグには、少しもそのことが自覚されない、といった傾向を指摘しておきたい。そして、若干自覚されていたにせよ、河上にも少からずこうした傾向が見出されることを見逃すわけにはいかない。したがって私は、河上の言葉にも拘らず、実質的には彼の「理論」と「実践」の間には、「社会科学的理論」と「政治的実践」の間にも、また「科学的対象的認識」と「宗教的実感的自覚」との間にも、遂に「弁証法的統一」はもたらされなかった、と考えるものである。そしてまた実質的に非弁証法的な思考方法による彼の「宗教論」が、いかにその弁証法的統一を力説しても、読者にどうしてその理論が弁証法的なのかを納得させえないことは当然である、と考えるものである。もちろん、それは河上自身において何ら実質的な「統一」がなかったというのではない。ある即自的な「統一」はたしかにあった。しかしそれは、決して「弁証法的統一」ではなかった、と言うに止まる。

第二に、私は、こうしたイデオロギーのもつ倫理的盲点として、次のような傾向を指摘しておきたい。こうした「滅私奉公」的イデオロギーは善い意味でも悪い意味でも、基本的に心情倫理的・主観主義的な性格をもち、したがってたとえ言葉では「絶対的非利己主義」を高唱したにしても、自他の具体的行動の倫理的評価に際してはその主観的基準を直情的・絶対的に押しつけ、その結果、客観的・実質的にはしばしば反対物の「絶対的独善主義」に転化しかねず、しかも当のイデオローグには、少しもそのことが自覚されない、といった傾向をもつ。河上には「偽善」的傾向はなかったが、「独善」的傾向はたしかにあった。河上のこうした傾向は、その中に資質的な「我儘」と「癇癪」とを温存しつつ、やがていわゆる宗教的体験による「絶対的無我」の意識をも混入して、強化される一方であった。『自叙伝』中にも、こうしたあまりにも直情的・主観的な評価による被害者が多数見出されることは、諸評家が異口同音に指摘しているとおりであろう。* むろん、それは河上の倫理的評価のすべてが誤っていたということではない。ただ私は、こうした倫理的・宗教的イデオロギーにまつわる盲点を、すなわち「滅私奉公」を強調するあまり、現実の「私的自己」（それは、感性的・錯誤的であると同時に自然的・実感的でもある）の姿を見失い、実質的には評価の直情的・主観的基準としてのそれに「奉私」しながら、しかもそのことに気づかないといった盲点を、いくらか河上も共有していたのではないか、と言うだけである。

＊ とくに岩田義道・櫛田民蔵に対する評価が誤解にもとづくものであることは、明白である。津田青楓・鈴木安蔵氏らも被害者と言うべきであろう。鈴木氏には、これに対する弁明文がある（「河上肇『自叙伝』

と私の立場」、『世界評論』昭二二・八)。一時地下生活中の河上をかくまった盤江医師は、『自叙伝』に悪く書かれているのを読んで神経衰弱になり、その死期を早めたと伝えられている(大内・小島・長谷川「河上肇と櫛田民蔵を語る(鼎談)」、『朝日評論』昭二四・九)。

要するに私は、河上における弱点、ないし盲点の所在は、その私的・実感的な「絶対的無我」という宗教的基礎体験にも、あるいはまたその公的・理論的な「マルクス主義」という社会科学的イデオロギーにもなく、むしろこの両者の結合方式の中に、その結合媒体となった彼の「求道」精神そのものの性格の中にある、と考えるのである。河上の「求道」は、「滅私奉公」を性格としていた。そしてこの「滅私奉公」という宗教的・倫理的なイデオロギーは、その根をたんに河上の個人的心性の中にではなく、広く深く日本人の社会的・歴史的伝統的心性の中にもっている。言いかえれば、こうした人生観的イデオロギーは、日本において社会と個人の間に横たわっている巨大なカオスの中から醸成されたものであり、したがって右翼にも左翼にもある程度共通に見出しうるものである。一種の「日本イデオロギー」と言うことができる。こうした人生観的イデオロギーは、西洋渡来の科学的・哲学的な諸思想を、日本人の伝統的な心性の中に組み入れ、それを血肉化するにあたって、きわめて重要な役割を果している。むろん、その全面的な考察は別の機会に譲り、ここではもっぱら河上という特殊な場合の考察に止めるほかない。しかし、これまでの考察からしても、河上における弱点、ないし盲点の所在が、こうした「滅私奉公」イデオロギーの中にあり、しかもそれが美点、ないし長所の所在と裏合せになっている、といった推測はそう的外れでもあるまい、と思われる。

さて、「公人」としての使命感に燃えて突進している間、河上はこうした「滅私奉公」イデオロギーの盲点に気づかなかった。ところが、やがて「滅私」すべき目的としての「公党」＝「日本共産党」を見失った河上は、いさぎよく「公的自己」を埋葬する覚悟を固めた。この自己埋葬は、しかし、自己解放でもあった。すなわち、「滅私奉公」イデオロギーからの自己解放であり、「私的自己」の解放であった。『獄中贅語』や「出獄の辞」では、「公人」としての「挫折感」よりも、むしろこの「私人」としての「解放感」の方が、その基調をなしている。そこにみなぎる平静な明るさは、むろん釈放を目前にした明るさであるが、より根源的には「私的自己」を回復した明るさであった。

「私的自己」とは、言うまでもなく「自然的・感性的自己」である。肉親愛・郷土愛・自然愛の主体としての「詩的・情感的自己」である。投獄がむしろ解放であったといえば、いかにも逆説的表現をもてあそぶようだが、しかし、河上の「私的自己」に関するかぎり、それは「事実」であった。公表された彼の獄中における「日記」や「書簡」の数々は、この「事実」を証明している。これらにおいて、彼の「私的自己」は、しだいにのびのびと自己を表現しはじめた。「非転向獄囚」

河上は、しだいにその内部に「獄中詩人」河上を育てあげていた。この「獄中詩人」河上像こそ、出獄後の「隠遁詩人」河上の原像をなすものであった。

五　閉戸閑人

昭和一二年（一九三七）六月に出獄してから、同二一年（一九四六）一月に永眠するまで、すなわち五九歳から六八歳に至るまでの約一〇年間、それが河上の「晩年」であった。「晩年」の河上の生活は、全く人目につくことのない「私人」としての、「隠遁詩人」として簡素な生活であった。昭和一六年（一九四一）一二月、彼はその隠棲の地を東京から京都に移し、以後生を終えるまでこの地を離れなかったわけであるが、まだこの移住以前に、彼は「閉戸閑人」と題して、次のような詩を作っている（『晩年の生活記録』昭和一四・三・六作）。

夙吾号閉戸閑人　　夙に吾閉戸閑人と号す
晩歳斯名始作真　　晩歳この名始めて真となる
天以余生恵此叟　　天は余生を以て此の叟をめぐみ
可為高臥自由身　　高臥自由の身となさしむ

つまり、すでに三〇歳頃から用いていた「閉戸閑人」という号は、この「晩年」に至ってはじめて真に彼にふさわしいものになった、というのである。ここで彼が、「高臥自由の身」といっているのは、こうした「公的生活」からの引退に伴う「私的自己」の解放感を示すものとして、興味深い。ここでいう「自由」とは、むろん世俗的な意味での「自由」でなく、逆に世俗的生活に忙しい「公人」たちを不自由とみるような、脱俗的な「私人」のもつ「自由」のことである。「閉戸閑人」たる自己は、世俗的見地からみればむろん「不自由人」だが、しかし脱俗的見地からみれば「自由人」なのだ、と河上は言うのである。こうした「自由感」に関して、より後年の作品から、もう一つ同種の例を拾ってみよう。例えば「早醒」と題する詩がある(『旅人』昭和一九・九・九作)。

人間第一自由身　　人間第一自由の身
亦是早醒第一人　　亦た是れ早醒第一の人
吹竈四更炊薄粥　　かまどを吹いて四更薄粥を炊き
聴蟲燈下度清辰　　蟲を聴いて燈下星辰をわたる

この詩においては、「貧乏問題」の根本的解決を叫んで立ちあがったかつての「闘士」の姿は消え、「清貧」に甘んじつつその脱俗的「自由」を楽しむ「隠遁詩人」の姿が見出されるだけである。その場合、問題になるのは、ここで彼が味わっている「自由」感の本質であろう。この「自由」感は、まず第一に、人間のいわゆる「社会的自由」、すなわち政治的・経済的・階級的な自由を反映した意識ではないことが、注意されねばならぬ。彼がここで「人間第一自由の身」と述べているとき、その「人間」とは決していわゆる「社会的人間」＝「公的人間」を指しているのではない。そうではなくして、この「自由」感は、もっぱら「非社会的人間」＝「私的人間」のもつ「非社会的自由」＝「私的自由」を反映した意識なのである。

しかし、それでは「私的自由」とは何か。それは、何ら実質的内容をもたぬ「自由」ではないか。「隠遁詩人」のもつ「自由」感など、結局は「社会的自由」から疎外された個人のもつ倒錯した「自由」意識、いわゆる「虚偽意識」に過ぎぬものではないか。こうした反論が、直ちに予想される。しかし、少くともこの河上における「自由」感は、そうした倒錯的意識とは全く異なったものであることが、第二に注意されねばならぬ。なるほど河上は「社会的自由」から疎外されている。それは「事実」である。しかし、河上の「自由」感は、決してこうした社会的疎外の「事実」をそのまま肯定し、その肯定の上に成り立っているような「自由」意識ではない。そうではなくして、この「自由」感は、それ自身人間の「非社会的自由」＝「私的自由」の意識でありつつ、同時に、その根底において同じ人間の「社会的不自由」＝「公的不自由」の認識と逆説的・緊張的なつながりをもった意識なのである。

「公的不自由」の認識と逆説的、緊張的なつながりをもった「私的自由」の意識。そしてその上に営まれる「詩的・情感的自己」の解放と表現。河上において、そうした精神構造が形成されてきたのは、言うまでもなく獄中生活を通してであった。とくに『陶淵明集』との出会いを最初の契機として、白楽天・王維・蘇東波らの詩集にふれたことであった（本章第二節参照）。「私は之を通して、志を得ずんば独り道を楽しむといふ東洋人独特の境地に入らんことを努めてゐたのであります」と、彼は当時の上申書中に記している（『自叙伝』四）。そして、昭和一一年四月二二日付の『獄中日記』の記事は、こうした形成過程における一つの断面図として、晩年の河上の精神構造を理解する上に、重要な手がかりを与えるものと思われる。そこで河上は、

有道難行不如酔　　道あるも行ひ難ければ酔ふに如かず
有口難言不如睡　　口あるも言ひ難ければ睡るに如かず
先生酔臥此石間　　先生此の石間に酔臥す
万古無人知此意　　万古人の此の意を知るなし

という蘇東波の詩を引き、「私は酒は嫌ひだから酒に酔ふことは出来ないが、今後は文学にでも酔ふて睡る外はあるまいよ」(『獄中日記』、昭和一一・四・二二)と書き添えている。また同日の『日記』中には、これとともに、獄中でさまざまな人間と接触した感想を述べて「強盗犯人や窃盗や殺人犯人の方に、なまじつかな『左翼』運動者よりも、遙かに非利己的な、大胆な、応揚な、義俠的な面白い点があるやうに思はれる」(同前)とも語っている。このことは、河上における「文学」への道程が、自他の「私的人間」の発見の道程と重なり合う事実を示すものであろう。つまり河上における「私的人間」の発見とは、人間をその社会的な位置・意識・機能においてみる立場から、その個人的な性格・気質・情念においてみる立場への転換、すなわち「社会科学的認識」の立場から「文学的認識」の立場への転換を意味していたのである。「虚名泯《ほろ》び去りし老残の身、始めて人情の真と不真を見る」(「晩年の生活記録」、昭和一六・三・二四)と語られる所以であった。

このようにみてくると、「閉戸閑人」河上肇は、決して世俗内在的な「憂国の志士」河上肇を一方的に否定、棄却することによって、世俗超越的な「隠遁の詩人」に変身しているのではなく、むしろ後者の中に前者を逆説的に肯定・保存することによって転生していることは明瞭である。そして、この「詩人」的側面と「志士」的側面との逆説的・緊張的なつながりは、その東洋的な「不遇の道人」としての意識においてつけられていた、と言うことができる。換言すれば、たんに「科学者」としてでなく、「憂国の志士」として「マルクス主義への道」を突き進んだ河上は、その志行われざる場合に取るべき態度の規範を、東洋的な「隠士」＝「道人」たちの態度に求めたのであった。その意味で河上は、きわめて「東洋的なマルクシスト」であったし、また「東洋的なマルクシスト」として一貫しえた、と言えるのである。

したがってまた、「詩人」河上が求めた「文学」は、決していわゆる「プロレタリヤ文学」でもなければ、「文学のための文学」でもなかった。彼の晩年の大半は、『自叙伝』（五巻）と『陸放翁鑑賞』（上・下巻）の執筆に費された。これらはいずれも死後出版されたが、彼自身は全く発表のあてもなく、もっぱら「ひとりそれを楽しむ」ために、「生前の形見」として書いたのである。「八十四歳の放翁」と題する一章を書きあげた時、彼はその「はしがき」に次のような詩を書きつけている（昭和一七・一〇・六）。

古き言葉をさぐりつつ
遠きこころを知らむとす
すでに老いにし身なればか
新たなる詩を愛でがたし

ここで「遠き心」と言われているものは何か。それは「詩人・志士・道人といふ三つの面を有つた」放翁の心事である。* この「遠き心」を求めて、彼は漢詩の世界ばかりでなく和歌の世界をも探り、そこに西行・良寛の姿を見出した。また「新たなる詩」としての新体詩の中にも、若干その心に通う「美しき調べ」を発見している。佐藤春夫の『車塵集』や『一吟双涙抄』、三好達治の『一点鐘』や『春の岬』などを彼は愛誦し、その影響は詩集『旅人』（草稿、昭和一九・一〇・一三、死後出版）の中にうかがうことができる。また散文作家としては森鷗外を、とりわけその史伝小説を高く評価し、『自叙伝』を書き進めるに当って、その有力な参考としている。** しかし、「われは歌よみの歌を好まず、思ふことありて歌へる歌を好む」（「晩年の生活記録」昭和一五・四・一五）とする彼にとって、例えば斎藤茂吉の時局雑詠の如きは、全く唾棄すべきものでしかなかった。彼は、茂吉の『寒雲』を「終日読み暮し」た読後感として、「美しと思ふ歌ありへど吐かむ歌もまたあり茂吉の歌集」（同前、昭和一七・一〇・一〇）という一首を記している。

* 南宋の詩人陸放翁（陸游）は、讒に遭って官途に志を得ず、生涯の大半を郷里に閑居自適した。その間の詩作一万余首が『劔南詩稿』八五巻に収められている。河上は、その詩の評釈の中で、放翁が「塵外の一詩人」として「ただ風月を楽む」といふだけの人間であるならば、「私は大した興味を有たない」であろうが、しかし放翁には、他に「志士としての面目」すなわち「宋の国家に対する愛国の熱情」と、「道学者としての面目」すなわち「禅にも関心をもつ儒学的修養」とが見出されることを指摘した後、次のように述べている。「序ながら書いておくが、私はマルクス主義者として唯物論を採る者である。しかし私は

心に現象となつて映じて来る外物を研究する科学の外に、自分の心を自分の心で認識するといふ特殊の学問（仮に之を道学と名づけておかう）が別にあるのだといふ立場を取つて居り、且つそれと同時に、儒教・仏教、ないしキリスト教などには（色々な夾雑物と一緒になつてではあるが）その核心にかうした道学が含まれて居るのだと云ふ見解を有つて居るので、古来の道人に対し私は常に十分の敬意を捧げてゐる。詩人・志士・道人と云ふ三つの面を有つた放翁は、親むにつれて益〻親みを覚える。いはゆる左翼文献を尽く官庁に収めた今日、私は特にこの邂逅に感謝する。」（『陸放翁鑑賞』下巻四二頁）この言葉は、放翁評釈によせて自己自身を語った言葉として、先のわれわれの見解を裏書きするものと言えよう。

** 『獄中日記』中に、次のような言葉が見出される。「この頃広告で見ると鷗外全集が刊行される様子。明治から昭和にかけて同氏の右に出づる作家はあるまい。藤村氏などとは段が違ふやうに思はれる。」（昭和一一・六・二二）しかし同時に、次のような批判もある。「鷗外氏の史伝考証物、即ちこの『伊沢蘭軒』の如きものは、優秀なる天才的頭脳が〈人類のために役立つべき活動の舞台〉を得る機会がなく、たとへば縁の下に生えた筍のやうに、暗い狭い日蔭を這ひ廻つた一種の〈運命的悲劇〉の産物と見るべきであらう。〈真〉の追求は、かうした方面にしか合法的に許されて居なかつた時代の畸形的産物！」（昭和一一・八・一四）

私は、河上が「詩人」陸放翁の中に「志士」・「道人」としての面目を見出しているように、「詩人」河上の中にも「志士」・「道人」としての面目を見出しうるし、また見出すべきだと考える。その場合、河上が「道人」放翁について、その「禅」への関心に注目している点は、とくに興味深く思われる。なぜなら、そのことは、河上が詩書の中に求めた「遠き心」なるものが、結局は河上自身の「心のふるさと」としての東洋的内観の世界であったことを示しているように思えるからである。すでに述べられたように、河上は詩集『旅人』の所収の一詩で「心のふるさと」への憧憬を歌い、そのふるさとを「詩のうましぐに」と呼んでいる（本書、第一章第四節参照）。この場合の「詩」が、上述のように「志」や「道」とのつながりをもったものだとすれば、そこでいう「詩のうましぐに」なるものもまた、たんにイデオロギー的な観念詩や、たんにセンチメンタルな抒情詩の世界ではなく、まさに河上のいう「絶対的無我の自覚」につながりをもつような内観の世界、すなわち数千年の歴史に培われてきた東洋的情感の世界であることは、明瞭であろう。*

* 河上は「公人」として、「マルクシスト」として活動を続けていた際にも、その反面に「私人」としては、こうした東洋的情感の世界への郷愁をもち続けていた。京大在職中には、月一回翰墨の遊びに耽ったり、しばしば法然院や黒谷の本堂に来て黙坐することを以て、精神的リクリエーションとしていた。「私はさうした空気のうちに浸つてゐるのが大変に好きである」と河上は書いている（『自叙伝』一）。

要するに「閉戸閑人」河上は、「詩のうましぐに」を慕いつつ、その奥に「心のふるさと」としての「無我の寂光土」をみていたのである。そしてまた、こうした「詩人」・「道人」としての河上は、同時に「志士」たるの自己をも失わなかった。前述のように、河上において、「マルクス主義」と「宗教」との理論的な統一は遂に不充分なままに終ったが、その実感的な統一は結局こうした形でもたらされてきた。次の一詩は、そのことを明瞭に示すものと言えよう（『旅人』所収、昭和一八・一作)。

衰翁六十五
身健心如春
嘗看囹圄月
晩有此佳年

衰翁六十五
身健にして心春の如し
嘗て囹圄《れいご》の月を看しかば
晩に此の佳年あり

六 「終戦」とその死

「刑余老残の痩軀をただ自然の衰へに任かす外なからう」、出獄の際河上はこう書いた。しかし、彼はその肉体を「ただ自然の衰へに任かす」ことはできなかった。戦争による物資の欠乏が、彼の肉体の衰弱を進め、その死期を早めた。彼が出獄した直後に中日事変がはじまり、京都に移住する直前に太平洋戦争が勃発した。戦争は河上に過度の「清貧」を強いた。当時の彼の生活ぶりを長女しづ子さんは、次のように伝えている。

「甘いものがなくなる。火の気は乏しくなる。毎日の楽しみだつた入浴も難しくなり、そのうち煙草まで不自由になり……その中で父はすべてをあきらめ切つた様に一切不平を云はず、遠慮勝ちにひつそりと暮して居りました。どんなつまらぬことにでも有りがたうと深く頭を下げて喜んでくれました。……読むこと、書くこと、それがやはり最後まで残された唯一の楽しみだつたやうでございます。そしてそんな生活のうちに父は、だんだんと老いて行つたのでございます」(羽村静子「父のこと」)。

また『晩年の生活記録』としてまとめられた日記を読むと、年々彼の身心の衰えて行くさまが、ありありとうかがわれる。昭和一三年秋頃には、彼の気力はまだ盛んで、『改造』にのった毛沢東の論文を読んでは、「彼の論文の如きはつきりした前途の見透しを有つた論文が日本で只の一つも出ないのはどう云ふ訳であるか!」と慨嘆したり、堀江邑一氏から借りたE・スノー『中国の赤い星』(英文)を読みながら、「再三巻を掩ふて落涙」したりしている。昭和一七年暮にも、一方に「ハムを買ふと長蛇の列に加はりて二時間待ちてはつはつに買ふ」などと詠みつつ、他方に「たたかひにやぶるることのみひたぶるにねがひし人もむかしありけり」「ふたたびは見る日なけむと決めてゐしレーニン集が今はこほしき」とも詠んでいる。

ところが、昭和一九年頃から、しだいに栄養失調症に悩まされ、二〇年正月には「なべて物みな終あり戦もいつしかやまむ耐へつつ待たな」と敗戦を予見しつつ、遂に臥床するに至っている。二〇年四月二日には「朝起気分好けれども、足先紫色に変じ居るに気付く。……注意して疲労の恢復に努むべきも、栄養を取るなど云ふことは、とかく孫たちのものを奪ふこととなる故、時節柄存分には出来がたく、またどうせ老人が少々生き延びて見たところで、さして意味もなきこと故、よくよく自ら注意して家人に無用の心配をかけざるやう心掛けねばならぬと覚悟す」と書いている。「私人」としての河上は、最後に「非利己的家長」として死んで行く覚悟を固めたのである。

しかし、彼が待ち望んでいた「終戦」は、昭和二〇年八月一五日、辛うじてその死の寸前に訪れてきた。その日の『日記』に、彼は、

あなうれしとにもかくにも生きのびて戦やめるけふの日にあふ

と書きつけた。そして一〇月五日、かつて彼を獄舎に繋いだ「治安維持法」は撤廃され、共産党活動も復活した。黒木重徳・志賀義雄らの党員が引続き彼の病床を見舞った。そのことは、「志士」河上の心を揺さぶった。だが肉体の衰弱は、もはやその再起を許さなかった。「公人」としての活動がようやく可能となったとき、河上のできた唯一の活動は、同志たちに二篇の激励詩を贈ること

だけであった。その一つは、二〇年一二月一九日の『赤旗』に掲載された「垂死の床にありて」（同志徳田、志賀へ）であり、もう一つは、翌二一年一月一七日に発表された「同志野坂を迎へて」である。そして、これが河上の絶筆となった。一月三〇日未明、彼は吉田山麓の自宅で長逝した。その顔は「安らかに眠るが如く」であったという（末川博「思い出すままに」）。

さて、死の直前にようやくその「公人」としての活動を許された河上は、これらの詩篇にいかなる思いを託しているか。「垂死の床にありて」、彼は次のようにその衰えぬ「志」を述べている。

牢獄に繋がるること十有八年
独房に起居すること六千余日
たたかひたたかひて生きぬき
つひに志をまげず
再び天日を仰ぐにいたる
同志徳田
同志志賀
何ぞそれ壮んなる

日本歴史あつてこのかた
未だ曾つて例を見ざるところ
ああ羨しきかな
ああ頼もしきかな
ああ尊ぶべきかな
これ人間の宝なり

七十の衰翁
蕭条たる破屋の底
ひとり垂死の床にあつて
遙に満腔の敬意を寄す

この「ああ羨しきかな」という一句には、老軀病床にある「志士」河上のなまなましい思いがこめられている。ではこうした「志士」河上が、その末期の眼で思い描いた愛する祖国の未来像はいかなるものであったか。彼が最後まで「マルクシスト」であった以上、それが「社会主義国家」としての日本像であったことに間違いはない。しかし、われわれは同時に、彼の思い描いた「社会主義日本」のイメージが、その底で彼の「心のふるさと」としての「詩のうましぐに」のイメージと隠微なつながりをもっていたことを、見落してはならないであろう。そのことは、彼が終戦直後に書いた「小国寡民」（『自叙伝』五所収）という短篇の中に、明瞭に示されている。

「小国寡民」とは、言うまでもなく老子の「小国寡民、其の食を甘しとし、其の服を美しとし、其の居に安んじ、其の俗を楽む」という章句に由来する言葉である。詩人陸放翁は、その東籬を以って、この「小国寡民」の細なる者に比した。河上は、この放翁の言葉を引用して、日本国民が敗戦を機会に、従来の大国強兵主義を拋擲して、この「小国寡民の意義の極めて深きを悟る」に至るならば、「従来に比べて却て遙に仕合せになる」であろう、と述べている。そしてその現代的・社会主義的な「模型」としてコーカサスの例をあげ、「今私はスターリンやモロトフ等の偉大さよりも、ひそかに、これらの偉人によつて政治の行はれてゐる聯邦の片隅に、静かに余生を送りつつあるであらう無名の逸民を羨むの情に耐へ得ない」と語っている。

こうした言葉は、一見「東洋的マルサス主義」への逆転であるかのようにもみえる。しかし河上は、この一文を、たんに「社会科学者」としてではなく、「全人間」として、すなわち詩人・志士・道人という三つの面をもった「東洋的マルクシスト」として書いているのである。そして、この一文には、おそらく「東洋的マルクシスト」としての河上の最良の面が出ているのではないか、と私は思う。なぜなら、この時の河上は、たんに「マルクシスト」として「社会主義日本」の未来像を描いているだけでなく、その未来像から意識的に「権力主義」の臭気を除き去ろうとしており、そのことはまさしく彼の「東洋的マルクシスト」としての実感から出ている、と思えるからである。そしてまた、こうした実感は、いわゆる「スターリン批判」以後の世界史の現段階において、あらためて積極的に再評価さるべきある貴重な要素を含んでいる、とも思えるからである。

河上肇略年譜

年号	西暦	年齢	事項	参考事項
明治一二	一八七九		一〇月二〇日、山口県玖珂郡岩国町に生まる。	『朝日新聞』大阪で発刊1・25 『東京経済雑誌』発行11・29 植木枝盛『開明新論』
明治一七	一八八四	5	三月、岩国尋常小学校初等科入学。	森鷗外、ドイツ留学に出発6 群馬事件5、以後自由党員の激化事件相つぐ。
明治二一	一八八八	9	三月、岩国学校入学。	『日本人』創刊4 中江兆民『国会論』
明治二三	一八九〇	11	六月、「日本工業論」(回覧雑誌所収)	徳富蘇峰『国民新聞』発刊2 植村正久『福音新報』発刊3 『教育勅語』発布10・30 第一回帝国議会開会11・29
明治二六	一八九三	14	九月、山口高等中学校予科に入学。	『文学界』創刊1 徳富蘇峰『吉田松陰』

明治二八	一八九五	16	九月、山口高等学校文科に入学。	日清講和条約・三国干渉4 『帝国文学』創刊1 ロッシア・平田東助訳『商工経済論』
明治三〇	一八九七	18		足尾銅山鉱毒問題激化3 島崎藤村『若菜集』8 田島錦治『近世社会主義論』
明治三一	一八九八	19	九月、東京帝国大学法科大学政治科に入学。	隈板内閣（最初の政党内閣）成立6・30 片山潜ら「社会主義研究会」創立10
明治三五	一九〇二	23	七月一一日、大学卒業、法学士となる。大塚秀と結婚。	日英同盟調印1・30 矢野文雄『新社会』 金井延『社会経済学』 西川光二郎『カール・マルクス』
明治三六	一九〇三	24	一月二四日、東京帝国大学農科大学実科講師。学習院、専修学校、台湾協会専門学校の講師を兼ねる。	東大七博士事件6・24 幸徳秋水・堺利彦「平民社」を創立、『平民新聞』発刊11・15 幸徳秋水『社会主義神髄』 安部磯雄『社会主義論』

明治三七	一九〇四	25		日露戦争勃発2・10 『平民新聞』にマルクス『共産党宣言』訳載11・13
明治三八	一九〇五	26	一〇～一二月、読売新聞に『社会主義評論』連載。 一二月八日、『社会主義評論』を中途で擱筆し、一切の教職を辞して、伊藤証信の「無我苑」に入る。 一月、『経済学上之根本観念』 六月、『歴史の経済的説明・新史観』(訳) 九月、『経済学原論』(上巻) 一一月、『日本尊農論』	ロシア第一次革命「血の日曜日」1・22 『平民新聞』終刊1・29 日露講和条約調印9・5 「平民社」解散し、キリスト教派と唯物論派に分裂す10・9 綱島梁川『病間録』
明治三九	一九〇六	27	二月一五日、無我苑の生活二ヵ月で退去、読売新聞の記者となる。 一月、『社会主義評論』(改訂版・七月) 二月、『日本農政学』 三月、『人生の帰趣』	日本社会党結成2・24 堺利彦主筆『社会主義研究』発刊3・15 エンゲルス・堺利彦訳『科学的社会主義』
明治四〇	一九〇七	28	四月三日、読売新聞社を退社。 四月、『日本経済新誌』創刊。	社会党に結社禁止命令2・22 第二インター大会開催8 内村鑑三『基督教と社会主義』

				福田徳三『経済学講義』・『経済学研究』 森近・堺『社会主義綱要』
明治四一	一九〇八	29	八月二四日、京都帝国大学法科講師。 五月、『人類原始の生活』	東京帝大の政治学科を政治学科、経済学科に分つ7 戸田海市『我独逸観』 社会政策学会編『工場法と労働問題』
明治四二	一九〇九	30	七月二九日、京都帝国大学助教授。	伊藤博文暗殺10・26 社会政策学会編『関税問題と社会政策』
明治四三	一九一〇	31	一〇月、『経済学の根本概念』	『白樺』創刊4 幸徳事件検挙開始5〜8 西田幾多郎、京大文科助教授就任5 石川啄木「時代閉塞の現状」
明治四四	一九一一	32	三月、『時勢之変』 一二月、『経済と人生』	幸徳事件判決（死刑）1・18 片山潜ら「社会党」結成・禁止10・29 工場法公布3・29

明治四五	一九一二	33	一二月、『経済学研究』	大正と改元7・30 友愛会結成9・1 井上哲次郎『国民道徳論』
大正二	一九一三	34	一〇月二四日、ヨーロッパ留学に出発。 一一月、『経済原論』 一一月、『金ト信用ト物価』 一一月、ファイト『唯心的個人主義』(訳)	憲政擁護連合大会開催1・19 軍部、大臣現役制廃止6・13 「岩波書店」開業11
大正三	一九一四	35	一〇月、法学博士となる。	第一次世界大戦勃発7・28 各国社会党、戦争支持に転向し、第二インター崩壊8
大正四	一九一五	36	二月二六日、ヨーロッパ留学より帰朝。 三月一六日、京都帝国大学法学部教授。 一二月、『祖国を顧みて』	堺利彦・高畠素之ら『新社会』創刊9・1 大杉栄・荒畑寒村ら『近代思想』再刊10・1 高野岩三郎『統計学研究』
大正五	一九一六	37	九〜一二月、大阪朝日新聞に『貧乏物語』を連載。	工場法施行9・1 吉野作造「憲法の本義を説いて基有終の美を済すの道を論ず」 レーニン『帝国主義論』

大正六	一九一七	38	三月、『貧乏物語』 九月、『如何に生活すべきか』（訳）	ロシア二月革命勃発3・12 暴利取締令公布9・1 金輸出禁止9・12 ロシア十月革命勃発11・7
大正七	一九一八	39	九月、『社会問題管見』（改版・九月四日）	シベリア出兵宣言8・2 米騒動起る8～9 京都に「労学会」生る9 第一次世界大戦終結11・11 吉野・福田ら「黎明会」結成12
大正八	一九一九	40	一月、『社会問題研究』創刊。 五月二九日、経済学部創設により、同学部勤務となる。	パリ講和会議開会1・18 三・一事件（万歳事件）3・1 第三インター（コミンテルン）成立3・2 ムッソリーニ「ファッショ戦闘団」結成3・23 中国に五・四運動起る5・4
大正九	一九二〇	41	四月、『近世経済思想史論』	東大助教授森戸辰男、クロポトキン紹介論文を発表、休職処分を受く3 日本最初のメーデー挙行5・1 高畠素之訳『資本論』刊行開始（本邦初訳・大正14年完結）6

大正一〇	一九二一	42	四月、「断片」（『改造』）発禁となる。 八月、『唯物史観研究』 一二月、マルクス『賃労働と資本』『労賃、価格及び利潤』（訳）	ソ連、新経済政策採用3・8 中国共産党創立大会開催7 福田徳三『経済学論攷』
大正一一	一九二二	43	一二月、『社会組織と社会革命』 一二月、『唯物史観略解』	三木清、ドイツ留学に出発5 日本共産党創立7・15 「学生連合会」結成11・7 福田徳三『社会政策と階級闘争』
大正一二	一九二三	44	八月、『資本主義経済学の史的発展』	有島武郎自殺6・9 関東大震災起る9・1 大杉栄惨殺事件（甘粕事件）9・20 難波大助大逆事件（虎ノ門事件）12・27
大正一三	一九二四	45	四月一日、経済学部長に補せらる。 五月一日、病気のため学部長職を辞す。	レーニン没1・21 『マルクス主義』創刊5・1 京大に「社会科学研究会」生る5 「学生社会科学連合会」結成9・14

大正一四	一九二五	46	一〇月、『資本論略解』（第一巻第三分冊）	福本和夫、『マルクス主義』誌上に河上批判論文を発表2 治安維持法公布4・22 京大で「学生社会科学連合会」全国大会開催7・16 山川イズムと福本イズムの対立激化8 三木清、ドイツ留学から帰朝10
大正一五	一九二六	47	一月、学連事件のため家宅捜査を受ける。 二月、「学生検挙事件について」（『社会問題研究』） 一二月、哲学研究に着手、西田幾多郎の推薦により、三木清の指導を受く。 三月、デボーリン『レーニンの弁証法』（訳）	京都学連事件1・5 労働者農民党結成3・5 日本共産党再建大会12・5 昭和と改元12・25 福本和夫「山川氏の方向転換論の転換より始めざるべからず」
昭和二	一九二七	48	八月、「唯物史観に関する自己清算」（『社会問題研究』） 一〇月、マルクス『資本論』（宮川実と共訳）刊行開始。 一一月、大山郁夫と共同監修の『マルクス主義講座』刊行開始。	金融恐慌勃発3〜6 三木清、法政大教授となる4 コミンテルン「二七年テーゼ」作成8 日本共産党、このテーゼを承認12

昭和三	一九二八	49	一月、第一回普選に際し、労農党大山郁夫のために香川県で応援演説を行う。 四月一八日、京都帝国大学教授の職を辞す。 一二月二四日、新党結成大会出席のため上京、初めて検束を受ける。 四月、『資本論入門』刊行開始。 八月、『マルクス主義経済学』 一〇月、『経済学大綱』	日共中央機関紙『赤旗』創刊2・1 普選による第一回総選挙2・20 三・一五事件3・15 労農党に解散命令4・10 治安維持法改悪6・29 大山郁夫ら「政権労農同盟」結成12・28 三木清『唯物史観と現代の意識』
昭和四	一九二九	50	一一月一日、大山郁夫らと新労農党結成。 レーニン『弁証法的唯物論について』(訳) 四月、『マルクス主義のために』 一一月、『マルクス主義批判者の批判』 一二月、『マルクス主義経済学の基礎理論』	労農党代議士山本宣治暗殺さる3・5 四・一六事件4・16 世界大恐慌開始10 福本和夫『経済学批判のために』
昭和五	一九三〇	51	一月、上京して新労農党本部の仕事に従事し、『労働農民新聞』を編集。 二月、京都より第二次普選の衆議院議員に立候補して落選。 一〇月、新労農党を解消して大山らと別れる。 一一月、『大衆に訴ふ』	諸株式一斉に暴落、恐慌深刻化3・4 福田徳三没5・8 日本国家社会党結成5・17 三木清、山田盛太郎ら検挙さる5・20 小岩井浄、細迫兼光ら新労農党

			五月、『マルクス主義経済学』（改造文庫版） 一一月、『第二貧乏物語』 一一月、『産業合理化とは何か』	解消を唱え、除名さる8 浜口首相、狙撃さる11・14 野呂栄太郎『日本資本主義発達史』
昭和六	一九三一	52	五月、マルクス『資本論（第一巻上冊）』（宮川実と共訳） 六月、マルクス『政治経済学批判』（宮川実と共訳）	「日本共産党政治テーゼ草案」作成4・22 全国労農大衆党結成7・5 満州事変勃発9・18 向坂・櫛田・宇野・山田『資本論体系』
昭和七	一九三二	53	七月一〇日、日本共産党の委嘱により「三二年テーゼ」を翻訳し、『赤旗』に掲載さる。 八月一二日、地下運動に入る。 八月一三日、日本共産党に正式に入党す。 一一月、『資本論入門』	上海事変勃発1・28 満州国建国宣言3・1 五・一五事件5・15 コミンテルン「三二年テーゼ」発表5・26 大森ギャング事件10・6 共産党大検挙（熱海事件）10・30 岩田義道虐殺さる11・2 『日本資本主義発達史講座』刊行開始5
昭和八	一九三三	54	一月一二日、中野の隠家で検挙さる。 七月六日、『獄中独語』発表。	ナチス、政権を獲得1・30 大塚金之助検挙さる1・11

			八月一日、第一回公判（判決懲役五年） 九月二六日、控訴を取下げ、下獄す。 一〇月二〇日、小菅刑務所に移され、活字解版作業に従事。	小林多喜二虐殺さる2・20 日本、国際連盟を脱退3・27 京大滝川事件5・10 佐野学・鍋山貞親の転向声明6・8 風間丈吉転向す11・8
昭和九	一九三四	55	二月一一日、皇太子生誕特赦により、刑期の四分の一を減ぜらる。 二月、図書室勤務となり、翻訳作業に従事。	野呂栄太郎獄死す2・19 櫛田民蔵没11 山田盛太郎『日本資本主義分析』 杉山平助「転向の流行について」（『読売新聞』）
昭和一〇	一九三五	56	四月二〇日、『自叙伝』執筆許可さる。 六月三〇日、『宗教的真理について』の稿成る。 一二月一一日、胃病のため病舎に移る。	『赤旗』停刊2・20 「天皇機関説」問題起る2・28 戸坂潤『日本イデオロギー』
昭和一一	一九三六	57	三月七日、病舎を出て独房に戻る。	二・二六事件2・26 講座派検挙（コム・アカデミー事件）6・7 スペイン内乱勃発7・7 日独防共協定成立11・25
昭和一二	一九三七	58	三月一八日、『獄中贅語』の稿成る。 六月一五日、刑期満了して自宅（杉並区天沼）	第一次近衛内閣成立6・4 中日戦争勃発7・7

			に帰り、「出獄の手記」発表。 以後、隠退して詩歌に親しむ。	木下尚江没11・5 日独伊防共協定成立11・6 矢内原事件起る12・2
昭和一三	一九三八	59	一〇月九日、転居（中野区氷川町）	労農派教授グループ検挙2・1 国家総動員法公布4・1 唯物論研究会事件11～12
昭和一四	一九三九	60	二月二〇日、「獄中記」の稿成る。 七月五日、「櫛田民蔵君に送れる書簡についての思ひ出」の稿成る。	東大河合教授起訴さる2 ノモンハン事件5・11～9・16 第二次世界大戦勃発9・1
昭和一五	一九四〇	61		早大津田左右吉教授起訴さる3・8 大政翼賛会発足10・12 大日本産業報国会結成11・2
昭和一六	一九四一	62	六月、保護監察所の命により左翼文献（約六四〇冊）納入。 一二月二〇日、京都移住（左京区聖護院中町）。	独ソ戦開始6・22 東条内閣成立10・18 太平洋戦争勃発12・8
昭和一七	一九四二	63	一〇月二八日、「大死一番」の稿成る。	ミッドウェー沖海戦6・5 「大日本言論報告会」結成12・23 ガダルカナル島撤退開始12・31

昭和一八	一九四三	64	四月、転居（左京区吉田上大路町）。 七月二〇日、独居自炊生活に入る（夫人、次女の看病に赴きしため）。 一一月六日、『陸放翁鑑賞』の稿成る。	アッツ島日本軍全滅5・30 イタリー、無条件降伏声明9・8 学徒出陣12・1
和 一九	一九四四	65	六月一六日、西田幾多郎宅を訪問す。 九月一〇日、夫人、二孫を伴って帰宅す。 六〜一〇月、詩歌集「雑草集」（『旅人』）を知友に送る。 一一月六日、『自叙伝』の稿成る。	『改造』『中央公論』に廃刊命令7・10 サイパン陥落し、東条内閣総辞職7・22 B29による東京初空襲11・24
昭和二〇	一九四五	66	一月、この頃より栄養失調甚しく、臥床すること多し。 九月一日、「小国寡民」の稿成る。 一一月五日、志賀義雄来訪。 一二月一九日、「垂死の床にありて」（詩）を『赤旗』に発表。	ベルリン陥落、ドイツ無条件降伏5・8 天皇、終戦詔勅放送8・15 治安維持法廃止10・5 大内兵衛ら七教授、東大に復帰11・4
昭和二一	一九四六	67	一月一七日、「同志野坂を迎へて」（詩）を発表。 一月三〇日、肺炎併発、生涯を終る。	野坂参三帰国歓迎国民大会1

主要参考文献

(A) 著作・参考文献目録

ほぼ半世紀に近い著作活動において、河上が執筆した著書・論文・随筆・記録などは、実におびただしい数にのぼり、内容も多岐にわたっている。河上自身が作成した「著述目録」(『経済学大綱』付録)もきわめて不完全なものであったが、最近になってほぼ完全に近い著作目録が刊行された。

(1) 天野敬太郎編著『河上肇博士文献志』(日本評論新社・昭31)

これはA5判約三百頁の書物で、河上自身の著作ばかりでなく、これに関連した諸文献を克明に調査・収録してあり、研究者に多大の便宜を与える。なお同じ編者によって、

(2) 天野敬太郎編『河上肇随想録』(河出新書・昭31)

が出版されている。これには比較的入手困難な初期の随筆や、重要な声明文・序文が収められてあり、有益な書物である。

(B) 逝去後刊行された自伝・日記・書簡など

(1) 河上肇『自叙伝(五巻)』(岩波書店・昭27)

各巻末に、それぞれ次の付録がある。㈠末川博「河上と自叙伝」、㈡作田荘一「面影と人柄」、㈢小島祐馬「河上博士の思ひ出」、㈣大内兵衛「自叙伝の価値」、㈤佐々木惣一「思ひ出あれこれ」。

(2) 河上肇『獄中日記(二巻)』(岩波書店・昭27)

昭和一〇年から一二年に至る日記のほか、獄中で執筆した草稿『獄中贅語』、『私のこころの歴史』などを収めてある。なお各巻末に、㈠長谷部文雄「河上先生の誠実さ」、㈡堀江邑一「革命家としての河上先生」を付載す。

(3)　河上肇『晩年の生活記録（二巻）』（第一書林・昭33）
昭和一二年出獄後から二一年逝去直前に至る日記。

(4)　河上肇『遠くでかすかに鐘が鳴る（二巻）』（第一書林・昭32〜33）
獄中から近親にあてた書簡集。下巻巻末に夫人秀、長女静子の回想記を付載す。

(5)　大内兵衛編『河上肇より櫛田民蔵への手紙』（鎌倉文庫・昭22）
明治四二年から昭和三年に至る書簡中四八通を選び、河上自身の手になる草稿「櫛田民蔵君に送れる書簡についての思ひ出」から引用した註を付けたもの。

(6)　菅原昌人編著『河上先生からの手紙』（工研社・昭21）
編者あての昭和五年以降の書簡を編集・解説したもの。

(7)　畑田朝治編『古机』（一燈書房・昭22）
編者あての昭和一二年以降の書簡を収録したもの。

(8)　河上肇『陸放翁鑑賞』（三一書房・昭24〜25）
寿岳文章・吉川幸次郎の両氏が校勘に当り、各巻に跋文を付す。

(9)　河上肇詩集『旅人』（興風館・昭21）
小林洋子嬢に贈られた自筆草稿「雑草集」を、その父輝次氏が『旅人』と名づけて刊行したもの。

(10)　『現代日本文学全集52（中江兆民・大杉栄・河上肇集）』（筑摩書房・昭32）
『自叙伝（抜粋）』・『旅人』を収録し、寿岳文章「河上肇論」を付載す。

(C)　回想的・資料的文献

(1)　『回想の河上肇』（世界評論社・昭23）
近親・知友・門下生ら二五名の執筆になる回想記を編集したもの。

(2) 椎名剛美「二階の河上博士」(『中央公論』・昭8・3)
(3) 津田青楓『河上・青楓自画像』(クラルテ社・昭23)
(4) 宮川実「河上先生の思い出」(『近代日本の革命的人間像』所収・昭23)
(5) 志賀義雄「河上肇さんのおもいで」(『日本革命運動史の人々』所収・昭23)
(6) 末川博「河上の辞世と終戦」(『真実の勝利』所収・昭23)
(7) 大内兵衛・小島祐馬・長谷川如是閑「河上肇と櫛田民蔵を語る(鼎談)」(『朝日評論』昭24・9)
(8) 大内兵衛「河上肇を語る」(『書物』昭25・9)
(9) 長谷部文雄「『資本論』とわが師、わが友」(『資本論随筆』所収、昭31)
(10) 大内兵衛「マルクス主義の開花期」(『エコノミスト』連載、昭33・7〜8)
(11) 末川博「河上肇」(『わが師』所収・東京出版・昭33)

(D) 伝記的・総論的文献

(1) 寿岳文章『河上肇博士のこと』(弘文堂アテネ文庫・昭23)
(2) 住谷悦治『思想史的に見たる河上博士』(教研社・昭23)
(3) 住谷悦治「河上肇の思想的特質」(『日本経済学史』所収、ミネルヴァ書房・昭33)

(2)、(3)はほとんど同内容のもので、主として『貧乏物語』以前における河上の思想的発展を取扱った、綿密着実な研究である。

(4) 伊藤証信『河上博士と宗教』(ナニワ書房・昭23)
(5) 作田荘一『時代の人河上肇』(開顕社・昭24)

著者は河上と同郷で、永年の友人。イデオロギー的には異なった立場に立ちながら、その「生涯と思想」の時代的意義に照明を与えようとしている点に、特色がある。

(6) 松本仁『河上肇の歌と生涯』(平書房・昭24)
(7) 向坂逸郎「河上、大山、大塚、猪俣」(『中央公論』昭6・6)
(8) 杉山平助「求道者河上肇」(『文芸春秋』昭8・3)
(9) 正宗白鳥「河上博士のこと」(『中央公論』昭8・8)
(10) 大内兵衛「求道の戦士河上肇」(『旧師旧友』所収、岩波書店・昭23)
これは『自叙伝』四巻末の「自叙伝の価値」とともに、現在まで河上について書かれた文章の中、最もすぐれたものと言ってよい。なお同氏の次の文章も、短いが示唆に富む。
(11) 大内兵衛「河上肇の一生」・「記念碑になる河上肇」(『我・人・本』所収、岩波書店・昭33)
(12) 青地晨「河上肇」(『知性』昭30・6)
(13) 大宅壮一「山川均・福本和夫・河上肇」(『中央公論』昭30・11)

(E) 思想史的・評論的文献
(1) 唐木順三「近代と現代(河上肇と夏目漱石)」(『現代史への試み』所収、筑摩書房・昭24)
(2) 中野重治「詩人としての河上肇博士について」(『ハイネの橋』所収、村山書店・昭25)
(3) 桑原武夫「河上肇『自叙伝』」(岩波講座『文学の創造と鑑賞』一所収・昭29)
(4) 相原茂「唯物史観と価値法則(河上・櫛田交渉の一節)」(『経済学への道』所収、東大出版会・昭26)
(5) 遊部久蔵「生産価格と価値法則(河上・櫛田・小泉三氏の論争)」(『マルクス価値論の根本問題』所収、時潮社・昭24)
(6) 杉原四郎「河上肇博士の労働観」(『経済評論』・昭31・2)
(7) 楫西光速「河上肇」(向坂編『近代日本の思想家』所収、和光社・昭29)
(8) 楫西光速「経済思想史(後篇)」(「特集・近代日本を創った思想家」、『理想』所収・昭33)

(9) 藤谷俊雄「河上肇」（毎日ライブラリー『日本の思想家』所収・昭29）

(10) 三枝博音「河上肇」（『日本の唯物論者』所収、英宝社・昭31）

(11) 高桑純夫「組織の中のヒューマニズム（河上肇の人間造型）」（『日本のヒューマニスト』所収、英宝社・昭32）

(12) 大井正「日本におけるマルクス主義哲学の伝統」（『日本近代思想の論理』所収、合同出版社・昭33）

(13) 岩崎允胤「『福本主義』の哲学について」（『唯物論』第七号・昭33・6）

(14) 河上徹太郎「日本のアウトサイダー（河上肇の章）」（『中央公論』昭33・12）

筆者は、以上に挙げた諸論文のいずれからも、何らかの意味で示唆を受けた。なお戦前からの論争的・史料的な諸文献については、本文中にできるだけ紹介しておいたので、ここでは一切省略する。詳細は前記の『文献志』を参照していただきたい。

あとがき

これまで河上について書いた多くの人々と異なり、私は河上に対して何ら個人的な関係をもっていない。戦時中、三高の学生だった頃に、京大裏門前のパン屋進々堂の前あたりで、チラとその晩年の姿を見かけた記憶があるくらいである。その時、私はまだ一冊も彼の書物を読んではいなかった。私は、戦後の『自叙伝』からの一読者であるに過ぎない。しかも私は、思想史に興味をもつ一哲学徒であって、経済学にも、共産党にも直接の関係をもっていない。——そういう私が、なぜこのいささか古めかしい「マルクス学者」に関心をいだき、あえて自分なりの「河上肇論」を書いてみようと思ったのか。それは、つきつめて言えば、「自分自身のために」ということに帰着する。

私は河上の『自叙伝』を読みながら、いく度か強い「感動」を覚えた。それは言うまでもなく、学者としての河上が示した「節操」、いわばその「精神的背骨」についてである。戦中戦後にわれわれの前にくり拡げられた生々しい思想的状況、とくに「思想」が「人間」の中で生き死にするすさまじい光景は、私に一つの基本的な問題意識を与えた。それは、ある思想家を評価する場合、彼がいかなる「思想」によって「現実」を把握したかという点をみるだけでは足りない、その「思想」が彼の「人間」の中でいかに把握されたか、言いかえればその「思想」が彼のいかなる「精神的背骨」によって支えられたかという点をみなければならない、という意識であった。むろん、こうした意識は、われわれ自身がいかなる「精神的背骨」をもつべきか、またもちうるか、という反省につながっている。こうした観点から、私は、いわば「自分自身のために」、河上の精神的形成過程についてこの一つのリポートを書いてみよう、と思い立ったわけである。

ところで、「思想」と「人間」とを結ぶ「精神的背骨」とは一体何であるか。それは、言いかえれば、その思想家の公的な「理論」と私的な「実感」とを結ぶ内的枢軸ともいえるであろう。そしてこの枢軸は、とくに近代日本の思想家の場合には、その近代的な「学問」と伝統的な「心情」とをつなぐ媒体の役割をも果している。この点は、河上の場合においても同様である。彼の「精神的背骨」としての「求道精神」は、こうした媒体的役割をも果しているのである。その媒介構造の特殊性の中に、彼があくまで「非転向マルクシスト」であり続けながら、同時に「特殊な唯物論者」として自己規定せざるをえなかった秘密がひそんでいるのであり、しかもその特殊性は、それを生み出したルツボとしての「近代日本社会」のもつ特殊性につながっているのである。とすれば、河上の精神的構造についてその実態を探ることは、たんに一個人の思想的特性を明らかにするだけでなく、近代日本という「思想空間」のもつ特殊性について、何らか考察の手がかりを与えてくれるのではあるまいか。私がこのリポートを書こうとした動機には、こうした思想史的な問題意識も含まれていたわけである。

したがって、私は河上の「求道精神」に強い感動を覚えながら、このリポートを必ずしもその頌徳碑としては書かなかったつもりである。むしろ、私の主なる関心はその「求道精神」の実態究明にあり、その功罪の照明にあった。私の見るところでは、河上の思想的生涯は、「絶対的非利己主義」の旗を掲げての遮二無二の突進以外の何ものでもない。それ以上でも、それ以下でもない。しかし、私は、このような実態究明によって、この先人の苦闘の意義は何ら減殺されるものではない、と信じている。来るべき若き世代は、むしろかかる実態認識の上に立ってのみ、その苦闘に対し率直に「満腔の敬意」を表しうるであろう、と考えている。そういう意味で、この拙いリポートが、たんに「私自身のために」ばかりでなく、何らか「読者のために」も資するところがありえたとすれば、筆者としては望外の幸せである。

なおこの機会に、私の思想史的関心そのものを啓発・育成して下さった務台理作、下村寅太郎の諸先生をはじめとする「東京教育大学哲学研究室」関係の諸師友、ならびに私の拙い思想史的研究に対してつねに温い指導鞭韃を賜り、いく度か研究発表の機会をも与えて下さった山崎正一先生をはじめとする「思想史研究会」関係の諸師友に対して、あらためて心からの感謝の意を表したい。

また、河上に関する諸文献閲読に当って一方ならぬ便宜をはかっていただいた天野敬太郎、奥田繁蔵、野崎茂の諸氏、終始遅筆な私を激励しつつ懇切な御配慮をいただいた東大出版会の山田宗睦氏にも、厚く御礼を申し述べる次第である。

一九五九年一月

古田　光

選書版のためのあとがき

本書は、はじめ、叢書『近代日本の思想家』のなかの一巻として、東京大学出版会から一九五九年一月に刊行されたものである。この旧版本の「あとがき」にも記しておいたように、当時の私は思想史にも興味をもつ若い哲学研究者のひとりであるにすぎず、日本のマルクス主義経済学の建設者として高名な河上肇について書く資格や能力があるとは思えなかった。にもかかわらず、あえて書いてみようと思ったのは、一つには自分自身の勉強のためにという気持からであり、もう一つにはこれまでとはいくらかちがった角度から河上に照明を当てることによって、河上研究や思想史研究の発展に少しでも寄与することができればという願いからであった。しかし、当時はまとまった著作集さえまだ出版されておらず、資料や文献をさがすのにもかなり苦心をした。暑い夏の日に京都の天野敬太郎氏をお訪ねして、文献の抜き書きをさせていただいたりしたことも、なつかしい思い出の一つである。そうこうしているうちに執筆の期限は容赦なく近づいてきたので、準備不足であることは痛感しながら、テーマをできるだけしぼることにして、二ヵ月ほどで書きあげたのが本書の旧版本であった。

まだ類書に乏しかったせいでもあろうか、幸いにもこの旧版本は、河上と親しかった方々にも注目され、大内兵衛氏、住谷悦治氏など思いがけない方々から温いはげましの手紙をいただき、東京河上会の集いにも招いていただいた。また、その後の河上をめぐる研究の発展のなかでも、多くの研究者の方々から論評の対象として取りあげられ、さまざまな教示を受けた。これは、本書にとっても、またその筆者である私にとっても、まったく思いがけない幸せであった。

このたび、同じ東京大学出版会のお奨めにより、主として若い世代の読者層のために、あらためてＵＰ選書の一冊として刊行されることになった。旧版刊行以後かなりの年月がたっており、その間に重要な文献や資料もいろいろ刊行され、私としても新しく気づいたり、考えさせられたりしていることがないわけではない。それで、できればこの機会にいくらか補筆したいとも考えたのであるが、結局、旧版そのままの形で出すことにした。前述のように、旧版本の内容はその後さまざまな形で論評の対象とされてきているので、全面的に書き改めるのであればともかく、いくらか筆を加えるくらいにとどめるのであれば、むしろ、旧版のままの形で選書に入れていただくほうが、若い読者の方々の検討の手がかりとしてはより役立ちうるのではあるまいか、とも考えられたからである。もし機会が得られれば、いくらか異なった角度から、全面的に書きなおしてみたい、と思っている。

しかし、そういうわけで旧版本の内容には手を加えないことにするとすれば、その内容に対する私自身のその後の反省や現在の見解をいくらかでも述べておくことは、この新しい版の読者の方々に対する、筆者としての義務の一つともいえるであろう。そうした観点から、この「選書版のためのあとがき」では、旧版本刊行以後の研究史的な状況をふりかえりながら、またその間に旧版本の内容に寄せられたさまざまな論評を手がかりとしながら、現在の私自身の見解や関心の方向についていくらか述べ、読者の参考に供したいと思う。

ふりかえってみると、本書旧版が刊行されたのは、いまから十五年以上も前のことであり、その後さまざまな文献や資料がかなり刊行され、河上肇をめぐる研究史的条件は、格段に整備されてきている。例えば、

『河上肇著作集』全十二巻(筑摩書房、一九六四—五)

河上肇『社会問題研究』復刻版全十二巻・別巻一(社会思想社、一九七四—六)

末川博編『河上肇研究』(筑摩書房、一九六五)

天野敬太郎・野口務編『河上肇の人間像』(図書新聞社、一九六八)

などが出されており、『全集』の出版も準備されているようである。また、そうした研究史的あるいは社会史的・思想史的な条件の変化に応じて、いろいろと新しい研究成果も発表されている。しかし、その研究の角度や河上に対する評価は多種多様であって、依然として「河上論はまだ定まらない」という大内兵衛氏の言葉が当てはまる状態にある。しかしまた、そうした混沌のなかで、いろいろの形での河上の思想に対する新しい関心も芽生えつつあり、河上研究はいまや新しい段階または転機にさしかかりつつある、ともいえそうである。その間にあって、本書旧版の内容はどのように受けとめられ、どのように論評されてきているのであろうか。幸い、これまでの多様な河上論を類型的に整理し、そのなかで本書旧版の内容や性格を論評している著作が、いくつか見出される。それらを手がかりとして、現在の私の考えを記しておこう。

まず、降旗節雄氏による河上論の類型的整理の試み（「河上肇」、『日本のマルクス経済学』上巻、青木書店、一九六七、所収）を取りあげてみよう。これは、河上の学問や人物の評価の仕方を規準とする分類の試みである。そうした規準から、降旗氏は、これまでの多様な河上論を、次の三つの類型に分けている。㈠河上をヒューマニズムにもとづく求道の戦士、日本マルクス学の開拓者として讃美する、ほぼ全面的な肯定論（氏によれば、河上の弟子や友人の手になる河上論はほとんどこのタイプで、代表としては、住谷悦治『河上肇』（吉川弘文館、一九六二）があげられる）。㈡河上の思想や実践をたんにファナティックな気質の現われとみなす、ほぼ全面的な否定論（代表としては、大熊信行「河上肇」（朝日ジャーナル編『日本の思想家3』一九六三））。㈢河上のヒューマニズムや求道精神に敬意を表しながら、その理論や実践のあり方についてはかなり批判的な立場。そして、降旗氏は、この㈢のタイプを代表する河上論として、「経済学的側面から」の大内兵衛氏の評価とともに、「哲学ないし思想的側面からする」古田の見解をあげている。降旗氏は、さらに、「基本的にこの第三の立場をもっとも妥当なものと考える」が、「大内・古田の『河上論』においてもなお、その経済学の内在的検討と、その実践と思想のかかわりあいについての客観的評価とは、必ずしも十分に遂行されているとはいいがたい」と論評している。

私が本書旧版を執筆したころには、降旗氏のいう㈠のタイプの河上論が、圧倒的に多かった。そうした状況のなかで、私は、意識的に、降旗氏のいう㈢のタイプの立場から、しかも思想的・哲学的な側面に照明を当てることを主題として、自分なりの河上像を描いてみようとしたのである。その意味で、降旗氏のように分類されることに、異存はない。また、降旗氏が指摘されているような問題についての検討が不十分であることは、はじめから自覚していたことであるから、率直に甘受するほかない。しかし、哲学出身の私としては、そのような問題の解明は、できれば経済学出身の方々との共同作業として推進したいのである。また、できればそうした方々から哲学的・思想的な側面のとらえ方についても批判や教示をいただきたいのである。

また、大内氏の見解との異同についていえば、私は、河上のマルクス主義のとらえ方、とくにその一つの現われとしての政治的実践のあり方が主観主義的な偏向を含んだものであるということ、そして、そうした偏向を生みだした基本的な要因の一つが、かれの「求道の精神」のもつ主観主義的・心情倫理的な性格にあるということについては、大内氏の意見にまったく賛成なのである。しかし、それにもかかわらず、河上の「求道の精神」とマルクス主義とは必然的に矛盾するものとはいえないのではなかろうか、かれの「求道の精神」そのもののなかには、今後のマルクス主義の発展のためにも、ある積極的な意味をもちうる要素も含まれているといえるのではあるまいか、というのが私の意見なのである。言いかえれば、河上の求道の究極的な課題であった「科学的真理と宗教的真理の統一」という問題そのものは、たとえかれ自身の解答が欠陥を含むものであったとしても、たんに河上という特殊な個人にとって大切な問題であっただけではなく、マルクス主義の思想（とくに哲学）にとっても、また今日の私たち自身にとっても、あらためて検討するに値する重要な問題といえるのではなかろうか、というのが、本書旧版を執筆中からひそかに私のいだいていた考えなのである。

大内氏は、「経済学者としての河上肇」(前掲『河上肇研究』一九六五、所収)という論文のなかで、このことにふれて、「古田光教授は〔河上評価に関して〕基本的にわたくしに賛成であるが、河上の『求道の精神』とマルクス主義の哲学との関係については、わたくしと別の解釈ができるといわれている」と述べておられる。ここで「別の解釈」といわれているのは、前述のような内容のことがらなのである。しかし、このテーマについての本書における検討は、なお不十分なものであった。その後、私は、「マルクス主義と『求道』の精神」と題する小論(前掲『河上肇研究』一九六五、所収)のなかで、このテーマについての再検討を試みたが、なお究明さるべき多くの論点を残している。しかし、こうしたテーマの解明が重要な問題であるという考えは、依然として変ってはいない。のみならず、例えば共産党と宗教とのいわゆる「歴史的和解」の問題が現実的に提起されつつあるような状況を見ても、こうしたテーマのもつ問題性はいっそう切実さと重要さを増しつつあるようにさえ思える。こうした問題を理論的に究明していく仕事を媒介として、河上の思想の内容や意味をさらに深くとらえなおしてみたい、というのが、現在の私の関心の方向の一つなのである。

次に、降旗氏とは異なった規準からの、これまでの河上論の類型的整理の試みとして、山之内靖氏の試み(『社会科学の方法と人間学』岩波書店、一九七三)を取りあげよう。これはたんなる整理にとどまるものではない、整理を媒介とした新しい河上論の試みでもある。多様な河上論のなかで、山之内氏がとくに注目するのは、その「人間学的研究」である。「人間学的研究」とは、氏によれば、「比較文化史的な視点をふまえながら、この視点によって得た基盤をたよりに河上の人間的資質を掘り下げていった研究」を意味する。氏は、これまでの河上の人間学的研究における、二つの典型的かつ対立的なタイプとして、本書旧版における私の見解と住谷一彦氏の見解（『河上肇の思想』未来社、一九七六、所収の諸論文）をあげている。

山之内氏は、本書旧版について、次のように述べている。「古田の場合には、日本の歴史的近代化過程が同時にその一面において精神と思想の頽廃を近代ヨーロッパ合理主義の頽廃とともに移植するものであったとする自覚があり、それへの抵抗と超克の基盤を河上にみられたような儒教的求道精神とマルクス主義の結合にもとめようとする志向が全編を貫いているのである。この古田の河上論は、日本における従来の河上評価の基調を体系化したものというべきであり、恐らく通説的理解の最も代表的で最も体系的な整理だということができよう」。私の「自覚」と「志向」がそのようにとらえられたことについては、細かなニュアンスはともかくとして――後述するように、私は河上の「求道精神」なるものを、単純に「儒教的」としてだけとらえていないつもりなので――大すじでは異論はない。むしろ、行きとどいた理解に感謝すべきであろう。しかし、「通説的理解の代表的整理」という言葉には、いささか面映ゆさを禁じえなかった。前述のように、主観的には、やや異説のつもりで書いたものだったからである。

一方、山之内氏によれば、住谷一彦氏の見解は、「彼（河上）の行為を内側から絶えず方向づけてきた倫理的起動力は、通説に反してキリスト教のエートスであった」と主張している点で、「儒教的倫理感覚」を重視している古田の（通説的）見解とは、まったく異質的かつ対立的なものなのである。このように両者の見解を類型的に区別し、対置した上で、山之内氏は、内田義彦氏（『日本資本主義の思想像』岩波書店、一九六七）の見解を継承しつつ、次のように主張している。河上の内部に見出されるこの二つの要因――東洋的・伝統的・儒教的なものと西洋的・キリスト教的・価値合理主義的なもの――は、日本資本主義の構造的特質に根ざすものとしてとらえなおされるべきものである。だから、問題は、「以上の二要因のいずれが河上の本質であるかに直ちに答えようとする」見地からではなく、むしろ「河上のうちにある二要因の相互のせめぎ合い」に注目し、そのあり方の分析を通して河上像を画きなおそうとする見地から、設定されねばならない。

こうした見地から、山之内氏は、さらに、「河上論の古田・住谷的系列」にひそむ欠陥として、㈠「河上の内面にある東洋的なものとヨーロッパ的なもののせめぎ合いが見落されている」という点とともに、㈡「河上の人間学的本質があまりにもストレートに彼の全学問、全実践の評価と直結されすぎている」という点をあげている。そして、こうした欠陥を克服していくためには、唯物史観の把握にいたるまでの河上の方法論的な苦闘の過程を、内面的な個人的規範を社会的規範（ないし社会的意識形態）として対象化していこうとした――言いかえれば、「マルクス学の人間学的基盤を発掘しようとした」――努力の過程としてとらえなおす必要があることを強調し、そうした過程の具体的な吟味を通して、河上の思想や学問の成果に新たな光を当てようと試みているのである。

ところで、山之内氏のこうした批判について答える前に、住谷氏の見解と私の見解との異同について、少しふれておきたい。実は、私自身は、河上におけるエートスのキリスト教的性格を強調する住谷氏の見解に接したとき、それほど私の見解と「対立的」なものとは受けとれなかったのである。というのは、本書——とくに第三章第二節——を少していねいに読んでいただければおそらくなっとくしていただけると思うのだが、まず第一に、私は、本書において、河上の求道の自覚的発端となっている「バイブルとの出会い」についてはかなりの注意をはらい、内村鑑三と河上の精神構造の比較研究の必要性にまで言及しているほどであって、少なくとも山之内氏が言われているように、この事実を「見落し」たり、軽視したりした覚えは、まったく無かったからである。また、私は、ここで河上における「山上の垂訓」の受けとめ方が、「儒教倫理的なエートスに接合されてもいる」ことに注意をうながしたのであって、河上の求道精神の核心を儒教的倫理感覚だけに還元したつもりも、まったく無かったからである。そのことは、ここで、「河上の求めた『道』は、たんに東洋の精神的伝統に系譜するものではなく、同時に近代市民社会の精神的状況に基底するものであった」と述べ、さらに河上の求道の「課題」の内容をなすものが、東洋的・伝統的なものと西洋的・近代的なものとの「緊張的対立」を通して自覚化されてきたものであることを、かなり強調していることからも、明らかであろう。したがって、住谷氏自身の志向はともかくとして、氏の見解そのものは私の見解とは必ずしも両立しえないものではなく、むしろその補正または補強に役立ちうるもののようにさえ思えたのである。

住谷氏は、その著作のなかで、「河上がバイブルから受けとったものは、必ずしもその宗教的核心をなす福音信仰ではなく、むしろ人間の践み行うべき『道』としての倫理的規範の啓示であった」と私が述べていることを批判して、河上における倫理的規範の啓示は、「表現の衣裳こそ東洋的な『道』というかたちをとるにしても、それによって包まれている内容はむしろ旧約聖書に現われる預言者たちによって繰り返し説かれた律法（＝旧約的福音）のそれに近いものであった」と述べている。河上の思想の根底にあったエートスが、あながち聖書の福音信仰と異質的なものではないことは、住谷氏の教示される通りであろう。私のキリスト教理解の不足を補っていただいたことを感謝する。しかし、だからといって、河上のエートスの核心をなすものが、まったく東洋的・儒教的なものと異質的な、その意味での西洋的・キリスト教的なものであった、と断定しうるであろうか。もし住谷氏がそう主張しようと思っておられるのなら、それはなお論拠不十分であり、そうとまで思っておられないとすれば、必ずしも私の見解と対立するものではないはずである。なぜなら、河上のエートスの核心をなすものについて、私は、それが東洋的・儒教的なものに系譜をもつことを指摘し、重視したにせよ、それに還元できると主張するつもりは、まったく無いからである。したがってまた、住谷氏と私の見解をあまりにも異質的かつ一面的なものとして対置させているように思える点で、山之内氏の整理の仕方にも、いささか不満を覚えざるをえない。

同じような理由から、「河上論の古田・住谷的系列」に対する山之内氏の批判の第一点、すなわち「河上の内面にある東洋的なものとヨーロッパ的なもののせめぎ合いが見落されている」という批判についても、いささか異議を申し立てたい。なぜなら、前述のように、河上の求道の「課題」の内容をなすものが、東洋的・伝統的なものと西洋的・近代的なものとの「緊張的対立」

のなかから生みだされてきたものであることは、かなりはっきり指摘しておいたつもりだからである。言いかえれば、私自身としては、むしろ、はじめから基本的には内田・山之内系列と同様の問題の立て方をしてきたつもりであって、その点からいっても「通説的理解の代表」とされたことは、やや「身にあまる光栄」と感ぜざるをえないわけである。しかし、おそらく山之内氏は、「見落されている」という言葉によって、そういう指摘の有無にかかわらず、具体的な考察や論述のなかにそうした観点が十分に生かされていない、という点を批判されたのであろう。もしそうだとすれば、その批判は、少なくとも私にとっては、むろん、率直に甘受せざるをえないものである。

山之内氏による批判の第二点、つまり「河上の人間学的本質があまりにもストレートに彼の全学問、全実践の評価と直結されすぎている」という批判についても、ほぼ同様の感じをもつ。つまり、気づいていなかったわけではないが、結果としてそのような批判を受けてもやむをえない、という感じである。旧版の「あとがき」のなかでもふれているように、河上に対する私の問題意識の底には、たんにかれの「精神的背骨」（山之内氏のいう人間学的本質）としての「求道精神」の特質をさぐってみようという志向だけでなく、こうした「求道精神」がかれの学問と心情、理論と実践をつなぐ「媒体的役割」をはたしていることに注目し、そうした「媒介構造の特殊性」をさぐってみようとする志向がひそんでいた。また、そうした問題を解明していくためには、山之内氏が指摘し、実際に取り組んでいるような問題——つまり、唯物史観の把握にいたるまでの河上の社会科学方法論的な研究の過程とその成果について、そうした視点から再検討し、再評価する、という問題——にもっと立ち入る必要がある、ということにもある程度気づいていた。しかし、その仕事を実行するためには、当時の私には、その力量も準備（期間、資料など）も不足していたので、その問題についてはあまり立ち入らずに切りあげることにせざるをえなかった、というのが偽らざる実態である。したがって、この点についての山之内氏の批判は、降旗氏からの批判と同様に、私としては、甘受するほかないものである。また、とくにその問題の解明に取り組んだ、山之内氏の研究成果は、私の研究の不備な点を補っていくための有力な手がかりとして、参考にさせていただきたいと思う。

しかし、河上の社会科学方法論的な研究の過程とその成果とが、はたして山之内氏のように理解し、評価しうるものか、という問題については、ここで簡単に論評することはさしひかえさせていただきたい。なぜなら、この問題は、マルクス哲学そのものの理解の仕方や、三木哲学、ルカーチ哲学などの評価の仕方にもかかわる複雑な問題であり、さらに考究されるべき多くの問題点を残しているように思われるからである。いずれにせよ、河上における学問と心情、理論と実践の結びつき方をより深く解明していくためには、かれにおける学問研究のあり方とその成果のより綿密な再検討と再評価が必要であり、その問題が河上論の新たな展開のための重要な関門の一つとなってきているということは、たしかであろう。

ところで、この河上における学問研究のあり方の再検討と再評価という問題に取り組んでいる、注目すべき労作の一つとして、岩崎允胤氏の「河上肇と唯物史観」（『日本マルクス主義哲学研究序説』未来社、一九七一、所収）がある。しかし、この問題に対する岩崎氏の究明の仕方は、山之内氏とかなり違っており、したがってまた学者としての河上の仕事の理解や評価の仕方も、かなり異なっている。しかし、この点については、山之内氏の研究に関して述べたことと同じ理由から、ここでは立ち入るまい。ただ、そのなかに本書旧版への短い論評が見出されるので、その問題について少しふれておきたい。この著作のなかで、岩崎氏は、本書旧版にふれて、こう述べている。「古田光『河上肇』は好著である。しかし、……「非転向」問題に河上研究の焦点を集中するという点では、わたくしは同意見ではない」。しかし、そこでは、その理由についての説明は省かれていたので、それだけでは、氏の意見の内容はつかみにくかった。ところが、ある座談会（「河上肇研究の現代的意義をめぐって」、前掲『社会問題研究』復刻版、第七・八・九巻、月報、所収）での岩崎氏の発言を読んで、いくらかその内容をつかめたように感じた。

この座談会のなかで、岩崎氏は、次のように語っている。「私は、古田氏のように、河上研究を、さらに一般にあの頃の思想の研究を、転向という点にしぼってみてゆくのは、主観主義的な傾向ではないか、つまり例の主体性論と結びつく傾向ではないか、と思う。学者としての河上さんについては、われわれは、あくまで、その学問、その理論的内容をどう受けとめ、どう継承してゆくか、この点を考察の中心にすべきだ、と思う」。また、岩崎氏のこうした発言を受けて、内海庫一郎氏はこう述べている。「これらの人達〔古田、住谷、内田、山之内ら〕に共通なことは、河上さんの動機の理解をひどく重要視するということだ。河上さんの業績の評価になると、櫛田や福本の批判した河上の非マルクス的なものこそ長所だ、というようなことをいう。おおざっぱにいって、ウェーバー主義だといってよいのではないか」。「河上肇についての、最近の人々と岩崎さんとでは、関心の方向がまるで逆なのではないか。岩崎さんは、あくまで、日本のマルクス主義の建設者としての河上から何を学ぶか、が関心なのだ」。

たしかに、岩崎氏が指摘しているように、私は、本書における河上研究の主題を、意識的に、「何が河上をして『非転向』のマルクシストたらしめたのか」という問題にしぼり、その解明に力を注いでいる。この問題に解明を与えることが、「今日における河上研究の最大の課題であり、それは同時に思想史における河上の意義を明らかにすることでもある」とも述べている。おそらく岩崎氏は、私のこうした主張のなかに、岩崎氏が河上研究（および一般に思想研究）の主軸であり、中心課題であるべきだと考えている、学問研究の過程とその成果についての（とくにマルクス主義者にとっては、その立場からの）理論史的・学説史的な検討と評価という仕事のもつ意義を、軽視したり、否定したりするような傾向を読みとり、それに対して不満や反発を感じられたのであろう。いささか弁解がましくなって気がひけるけれども、私としては、少なくとも主観的には、そういう見解や意図をもっていなかったし、現在ももっていない、ということだけは述べておきたい。

私が本書の主題を——いわば——「非転向」の問題解明にしぼったのは、消極的には、それが当時の「私自身にとって」最も関心をひく問題だったからであり、より積極的には、それが従来の河上研究（および一般に思想の理論史的・学説史的な研究）において、最も不備な面であるように思われたからである。そしてまた、そういう不備な面を補っていくことが、（いわゆる理論史・学説史を越えた意味での）「思想史」研究のはたすべき課題であり、（マルクス主義を含めての）「思想」の発展にも寄与しうる仕事であるように思われたからである。言いかえれば、この問題の解明が「今日における河上研究の最大の課題である」と私が述べたのは、そういう意味においてであって、そのかぎり、いわゆる理論史的・学説史的な研究そのもののもつ意義を否定したり、軽視しようとする考えを含むものではなかったのである。なぜなら、とくに学者の思想を研究しようとする場合、いわゆる理論史的・学説史的な考察をぬきにした研究が成り立ちえないことは、あまりにも自明のことだからである。

したがって、私としては、岩崎氏のような関心と角度からの河上研究（および一般に思想研究）のもつ意義を軽視するつもりはまったく無いし、客観的にみてそうした面の考察が弱いという批判ならば、甘受するにやぶさかではない。しかし、もし岩崎氏の批判が、私のような関心と角度からの河上研究（および一般に思想研究）は、本質的・必然的に「主観主義的な傾向」をもたざるをえない、という主張をも含むものであるとすれば、その点については「同意見ではない」。私が本書で取りあげたような種類の問題が、河上研究（および一般に思想研究）において、――たとえ「最大の問題」ではないとしても――少なくとも「重要な課題」の一つであり、――いわゆる理論史的・学説史的な研究だけでは――依然として「解明困難な問題」であり続けている、という事実は否定しえないように思われるからである。しかし、岩崎氏や内海氏の批判は、より原理的には、そもそも理論史・学説史と思想史、あるいは学問と思想との関係をどうとらえるべきか、という問題にまでつながるものであろう。ここでは、その点を指摘するだけにとどめざるをえない。

前にもふれたように、河上における学問と心情、理論と実践の結びつき方への理解を深めていくためには、かれにおける学問研究のあり方をより深く検討しなおすことが必要であろう。しかし、それに加えて、かれにおけるヒューマニズムとか人道主義とかいわれているもののあり方——とくにそのエートスまたはセンスとしてのあり方——をも、あらためて綿密に検討しなおすべきではなかろうか。それは、簡単に東洋的・儒教的とか、西洋的・キリスト教的といった言葉では規定しきれない、複雑で動的な構造をもっており、個人的・内面的であると同時に社会的・歴史的な性格をもっているように思われるからである。また、その究明を通して、河上における学問と心情あるいは社会主義と人道主義との内面的な結びつき方についても、新たな視野が開かれうるように思われるからである。「『貧乏物語』と大正の青春」と題する私の小論(『歴史と人物』中央公論社、一九七六・五、所収)は、そうした問題意識のもとに、河上における人道主義といわゆる大正ヒューマニズムとの内面的なかかわり方を再検討し、それを通して一般にヒューマニズムと社会主義とのかかわり方をも再検討してみようとした試論である。そのほか、本書の内容を英文で要約したものとして、"The Thought Life of Hajime Kawakami", by H. Furuta (*"Philosophical Studies of Japan"*, Vol. 8, 1967) がある。

一九七六年九月

古田　光

著者略歴
1925年　撫順に生れる
1947年　東京文理科大学卒業
1970年　横浜国立大学教授
1990年　横浜国立大学名誉教授
2007年　没

近代日本の思想家 8
河上　肇

1959年 2月10日　初　　版　第1刷
1976年 11月 1日　UP選書版　第1刷
2007年 9月21日　新 装 版　第1刷
［検印廃止］

著　者　古田《ふるた》　光《ひかる》

発行所　財団法人　東京大学出版会
　　　　代 表 者　岡本和夫
　　　　〒113-8654
　　　　東京都文京区本郷7-3-1東大構内
　　　　電話 03-3811-8814　Fax 03-3812-6958
　　　　振替 00160-6-59964

装　幀　間村俊一
印刷所　株式会社平河工業社
製本所　牧製本印刷株式会社

ISBN978-4-13-014158-1　Printed in Japan

近代日本の思想家　全11巻

1　福沢諭吉　遠山茂樹
2　中江兆民　土方和雄
3　片山　潜　隅谷三喜男
4　森　鷗外　生松敬三
5　夏目漱石　瀬沼茂樹
6　北村透谷　色川大吉

四六判　1～10　定価各二九四〇円

7　西田幾多郎　竹内良知
8　河上　肇　古田　光
9　三木　清　宮川　透
10　戸坂　潤　平林康之
11　吉野作造　松本三之介
（二〇〇八年初春刊）